Veröffentlicht im Verlag Kraftfeld
Teufenthal, Mai 2002
© by Pierre A. Kraft
Herstellung: BoD™
Books on Demand (Schweiz) GmbH
Printed in Germany
1. Auflage

Direktbestellungen auch mit Signatur:
Verlag Kraftfeld
Postfach 67
5723 Teufenthal
kraftfeld@tiscalinet.ch
Telefon +41 79 568 74 22

ISBN 3-9522481-0-X

Speziellen Dank an:
Roger P., Marc A., Ikara, Sunja, Helen, Annette, Katy, Madeleine, Elsbeth, Manuela, Mary, Eveline, Kathrin, Manfred, Less, Stefan, Miguel, Paul ....

Pierre A. Kraft
Finde Deinen Lebensweg und TUE ihn in Liebe !!!

Verlag Kraftfeld

Einleitung

Frage 1000 Menschen was Liebe ist? Du wirst ebenso viele Ansichten und Meinungen hören.
Unsere Sprache ist für die Realität geschaffen worden und nicht für unsere Gefühle. Dafür können Gefühle gelebt werden und gehören in die Gegenwart und so in unser TUN. Mancher erkennt die Gefühle als ist, doch tun viele nichts dafür.
Jedes Gefühl das ich in mir trage, lebe und erlebe ich. Deshalb ist für mich das nachfolgend genannte Gefühl in meinem Leben zum Wichtigsten geworden, denn so wie ich es aussende, kommt es wie alle anderen Gefühle auf mich zurück.

Die LIEBE !!!!!

Wie kann ein Mensch seinen Lebensweg finden, wenn er nicht die reine Liebe kennen gelernt und sich selbst nie liebgewonnen hat? Ohne diese Liebe ist jeder Lebensweg steinhart. Kein Jammern werde ich nun im Heute loswerden, niemanden beschuldigen, denn ich bin unendlich dankbar für alles was geschehen ist, auch wenn der Weg zu dieser Erkenntnis fast 45 Jahre gedauert hat. Dies alles, mein ganzer Werdegang zu dem was ich heute bin, schenkte mir Erkenntnis, die Liebe zu mir selbst und meinem eigenen Lebensweg. Heute kann ich mein Leben angehen, eines nach dem anderen in Ordnung bringen. So wie ich den eigenen Weg auch gehe achte ich dabei darauf, dass ich einfach glücklich und zufrieden sein darf.

Alles was ich nun schreibe, ist meine eigene Wahrnehmung, die ich heute auf Papier bringe. Es sind

Erfahrungen aus meinem Leben, Synchronizitäten, Geschehnisse, Erlebnisse, Gespräche und vieles mehr, welche mich hingezogen haben, zu dem was ich heute bin.

Einfach Mensch, für mich selbst und für andere Menschen da sein zu dürfen !!

Und an genau dieser Stelle, möchte ich allen meinen Mitmenschen die in und um mein Leben waren und noch sein werden, meinen herzlichen Dank aussprechen für alles was war und noch sein wird.

Inhalt

1	Gedanken zu sich selbst - Der momentane Lebensweg	6
2	Weshalb wird mein Sorgenberg immer grösser ?	10
3	Wer und wie sind wir / Körper und Seele	14
4	Beziehungen, wo stehe ich ?	16
5	Hey wer bin ich ?	19
6	Lösen von Zwängen	23
7	Ich bin Eins und liebe mich selbst !!	25
8	Die Gegenwart und was mich am Leben hindert !	29
9	Erkennen der Türen und Wegweiser	33
10	Zeichen meiner Seele	38
11	Energiefelder / Die unbewusste Kommunikation	44
12	Wer nimmt mir meine Kraft / Projektionen	49
13	Freiheit, Unabhängigkeit, gesellschaftliche Zwänge	55
14	Wie setze ich mein Ziel	60
15	Ich gehe meinen Lebensweg	62
16	Wo finde ich meine Kraft	64
17	Ich bin ich, einfach Mensch, Wahrheitsfindung	67
18	Meine eigene Hilfe und mein 1. Hilfeposten	69
19	Zusammengefasst der Weg zum Ich !!	70
20	Wie geht es weiter	72

1 Gedanken zu sich selbst / Der momentane Weg

Jetzt ist es soweit, in deiner Gegenwart spürst du, dass es so nicht mehr weiter gehen kann. Oder ganz einfach, du möchtest dich verändern, was Neues dazu lernen und oder erkennen können. Was es auch immer ist, weshalb du dieses Buch in deine Hände genommen hast und nicht ein Anderes.

Glaube und denke nicht, dass du hier die Rezeptur deines Lebens finden wirst, es sind nur Denkanstösse, Türchen und Wegweiser, die dir deinen Lebensweg zu erkennen geben können, aber auch nur dann, wenn DU in deinem Innersten bereit und aufmerksam bist und ebenso erkennst, dass nur du alleine, deinen eigenen Lebensweg gehen kannst. Niemanden ausser dir selbst, kannst du verantwortlich machen, für alles was in deinem Leben geschieht, denn alles ist ein Teil deines Lebens und steht immer in einem Zusammenhang mit dir selbst.

Nur zu gerne würde ich jetzt wissen, wo du in deinem Leben stehst, doch ein Buch hat die Eigenschaft, dass es sich in eine Richtung mitteilt. Deshalb werde ich dir meinen eigenen Lehrer näher bringen, mein Leben. Viel hat es mir geschenkt, für das ich in jedem Falle unendlich dankbar bin, trotz den Tiefschlägen. Viele lange und kurze Irrwege, Tiefen und Höhen, Gespräche haben mich zu dem gemacht, was ich im Heute bin und auf gar nichts würde ich verzichten wollen, doch eine Weisheit hat im Jahre 1998 einen Veränderungsprozess in mir ausgelöst. Die Erkenntnis der "zwei sorgenfreien Tagen", die ein jeder von uns, auch du, in seinem Leben hat.

Zwei sorgenfreie Tage

Es gibt in jeder Woche zwei sorgenfreie Tage, die du dir unbedingt frei halten solltest von Sorgen. Der eine Tag ist "Gestern", mit all seinen Problemen, Fehlern und Sorgen. Seine geistigen und körperlichen Schmerzen. Das "Gestern" ist nicht mehr unter deiner Kontrolle! Kein Geld in der Welt kann dir diesen Tag zurückbringen. Du kannst keine einzige Tat, die du "Gestern" getan hast, ungeschehen machen. Das "Gestern" ist vorbei.

Der andere Tag über den du dir keine Sorgen machen darfst, ist das "Morgen", mit all seinen Gefahren, Lasten und Aussichten. Auch das "Morgen" hast du nicht unter deiner sofortigen Kontrolle. "Morgen" wird die Sonne aufgehen, entweder in ihrem vollen Glanze oder hinter dichten Wolken. Aber eines steht fest; sie wird aufgehen! Bis sie aufgeht, solltest du dir keine Sorgen machen, weil "Morgen" noch nicht geboren ist.

Alles was dir bleibt, ist dieser Tag: "Heute"

Jeder Mensch kann täglich nur ein Tagwerk vollbringen. Dass wir manchmal zusammenbrechen geschieht nur, wenn du und ich die Last dieser zwei fürchterlichen Ewigkeiten -"Gestern und Morgen" zusammenfügen. Es ist nicht die Erfahrung von "Heute", welche die Menschen verrückt macht und zu erdrücken droht, es ist die Reue und Verbitterung für etwas, was "Gestern" geschehen ist, oder die Furcht vor dem, was das "Morgen" bringen wird.

HEUTE ist das MORGEN, worüber wir uns GESTERN Sorgen machten!

Lebe heute, jetzt, in diesem Augenblick !!!

Wo du stehst, würde ich dich gerne fragen, doch werde dir selbst mal bewusst, wie dein Lebensweg im Heute aussieht.

Wirst du gelebt ?

Tust du nur was andere dir sagen, dein Lebenspartner, dein Chef, die Kinder, Eltern und Schwiegereltern, deine Nachbarn, Bekannten usw. ?
Dann bist du noch sehr weit weg von deinem Lebensweg, mindestens soweit, bis zur Erkenntnis, dass du dir selbst am wichtigsten sein solltest.

Wirst du gelegentlich gelebt ?

Tust du manchmal was andere dir sagen und fühlst dich zeitweise unwohl, weil du es selber nicht gerne getan hast ?
Auch dann bist du noch weit weg von deinem Lebensweg, mindestens soweit, bis du die ganze Liebe zu dir selbst erkannt hast.

Lebst du wirklich dein Leben ?

Also wenn du dich das jetzt noch fragst, dann sind es noch einige Ecken an denen du wirken könntest und oder solltest, damit auch du deinen ganzen Lebensweg geniessen kannst.

Du lebst ?

- Halt - Dann leg dieses Buch nicht gleich weg, denn der eine oder andere Hinweis könnte auch für dich sehr nützlich sein. Ich denke dein Leben wäre hier an dieser Stelle zu Ende, wenn es nichts mehr zum Lernen und Verändern gäbe.

2 Weshalb wird mein Sorgenberg immer grösser ?

Gerade eben fällt mir die Geschichte mit dem Abfall ein, sie trifft den Nagel auf den Kopf.

Vor einem halben Jahr zog ein junger Mensch, bei seinen Eltern aus, in eine einfache 3 ½ Zimmer Wohnung, im 1. Stockwerk, mit einem kleinen Balkon. Doch der Umzug brachte viele Kartonschachteln und Papier mit sich, die dann schön, fein säuberlich gebunden, wie gelernt, auf dem Balkon landeten. Im Zwischenlager wartend, bis zum Papiersammeltag. Klar, der erste Abfallsack füllte sich dann schon so, dass er nach allem Zusammenpressen nichts mehr aufnehmen konnte und deshalb ebenso seinen Platz auf dem Balkon fand. Der Entsorgungstag war zu diesem Zeitpunkt auch für diese Güter noch nicht bekannt. Das Umfeld des jungen Herrn, der Job und die ersten Rechnungen, lenkten ihn dann so ab, dass er ganz vergass sich um die Entsorgungstage zu kümmern, ist ja nur Abfall, also was soll schon damit. Der 2. - 5. Abfallsack landeten ebenso auf dem Balkon, bis er realisierte, dass in den Gemeindeunterlagen noch einiges stehen könnte. Wo sind sie denn geblieben die Unterlagen? Hmm, möglicherweise gebunden auf dem Balkon? Ok. aufreissen, suchen, es sollte ja sowieso noch die Werbeflut der letzten Wochen dazugebunden werden. Na endlich die Unterlagen gefunden, jeden Freitagmorgen Abfall und alle 3 Monate Altpapiersammeltag. Ach das aufgerissene Altpapier sollte wieder gebunden werden, alles auf dem kleinen Balkon, "da wird's ja immer enger". Menschlein registriert Platzknappheit, dass aber auch ein Gerümpelzimmer Nr. 2 vorhanden ist, also alles

Altpapier mal da lagern, das stinkt wenigstens nicht. Der Freitag naht und wie dem so ist, schläft man rein zufällig mal länger als erlaubt und findet demnach wirklich keine Zeit mehr für den Abfall. Kaum bei der Arbeit, melden sich die Eltern zum Kaffeeplausch an und wünschen sich, bei schönstem Wetter diesen auf dem Balkon abhalten zu können. Oje, der Chef macht keinen Freudentanz, als er vernimmt, dass jemand früher nach Hause gehen möchte, und dass erst noch aus privaten Gründen (aber da sollte doch zu Hause wirklich noch einiges in Ordnung gebracht werden). Also steht Mensch nur kurze Zeit zu, um diese Arbeiten schnell zu erledigen. 17:00 Uhr nach Hause, hmm, wohin den mit dem Abfall vom Balkon, inkl. Sack Nr. 6 – 8, die inzwischen auch noch dazu gekommen sind? Und wieder bietet sich Gerümpelzimmer 2 als Notlösung an. Gerade noch geschafft, bevor die Eltern ankommen, alles glänzt, doch ein feines Düftchen macht sich breit. Alle Ausreden, von wegen nicht lüften können, derweil man ja tagsüber einer Arbeit nachgehe, usw. usf. Mutter will helfen, doch das kommt auf gar keinen Fall in Frage. Man ist ja selbstständig. Endlich, sie sind weg, schnell die Säcke aus Zimmer 2 wieder auf den Balkon, denn alles andere ist ja eklig. Ach ja, hab's noch fast vergessen, Mensch hat nun Ferien, endlich mal Zeit zum Aufräumen und Lüften. Aber Ausschlafen ist ja Pflicht in den Ferien? Und so kam es, dass am Ferienfreitag die Abfallsäcke erst um 11:00 Uhr den Entsorgungsplatz erreichten. Der Hauswart kommt zur Mittagszeit hoch und meldet, dass die Säcke zu spät da waren, man solle diese bis nächsten Freitag im Hof deponieren. Schlepp, schlepp bis alle Säcke im Hof sind, die Sorge ist man zwar noch nicht los, doch mindestens nicht mehr in der Wohnung und auf dem Balkon. Nach neusten Entdeckung bezüglich der Architektur des Hauses, können Sack 9 - 12 direkt vom Balkon in den Hof fliegen, zwei dieser platzen zwar auf, wenn das jemanden stören sollte, wird er sich schon melden. Niemand stört es, der Haufen wächst, die Säcke plumpsen nicht mehr so tief und haben deshalb nicht mehr die Kraft aus ihrem eigenen Inneren, dass sie in irgendeiner Art und Weise aufgehen. Doch scheinbar ist auch dies keine Lösung, denn erstens stinkt es jetzt vom Hof herauf und zweitens hat ein Einschreiben den Weg zu Mensch gefunden von der Hausverwaltung, dem diese ungehobelten Worte zu entnehmen waren; „Also so kann das nicht mehr weiter gehen." Demnach wird durch Mensch eine Abfallmulde bestellt, heuert 2-3 Kollegen an, die einem in netter liebenswürdiger Weise aus der Patsche helfen. Am Abend dann realisiert man, dass viel Energie verschwendet wurde, um den eigenen Gestank zu entsorgen und die Kosten in keiner Relation stehen zu dem was man sich diesbezüglich vorgestellt hatte.

So lässt man den Sorgenberg wachsen, der dann mit viel Kraft wieder in Ordnung gebracht werden sollte. Mancher schiebt ihn mal hin und mal her.

Was ich damit aufzeigen möchte ist die Situation, wie man mit ihr umgeht. Das Schöne lebt und geniesst man und die Sorgen hält man gerne auf Distanz und versteckt sie letzlich gar. Meist geht man den Pendenzen im Leben aus dem Weg und schafft sich dadurch einen Sorgenberg der immer grösser wird und schlussendlich unüberschaubar werden kann.

Wo liegt denn dein Abfall ??

Werde dir bewusst, in allen Bereichen, geistig wie real, wo er liegt, erst wenn du den ersten Sack aufmachst oder er gar platzt, weißt du, was sich darin befindet und was dich bei den anderen Säcken noch erwarten kann.

3 Wer und wie sind wir / Körper und Seele

In diesem Abschnitt geht es mir darum, dir meine persönlichen Erkenntnisse als Grundlage zu vermitteln, wer und wie wir sind.

Unser ganzes Dasein setzt sich im wesentlichen aus zwei Elementen zusammen. 1. aus der Seele, 2. aus dem Körper, der uns zwar geschenkt wurde, so lange wir körperlich leben, der jedoch nicht mehr Wert ist, wie Humus für nachfolgende Lebewesen. Denn Asche zu Asche, Staub zu Staub ist richtig. Daraus entsteht ein energiereicher Humus für neues Leben. Körper und Seele ist für mich das gleiche wie Bewusstsein und Unterbewusstsein. Mit unserem Körper nehmen wir durch unsere 5 Sinnesorgane bewusst wahr, was um uns geschieht. Die Seele dagegen nimmt die Wahrnehmungen aus dem Bewusstsein auf, verarbeitet dieselben im Unterbewusstsein und gibt uns unmittelbar oder viel später Informationen ins Bewusstsein zurück, die als Grundlage zu unseren Entscheidungen und dem Tun in der Gegenwart dienen sollten. Doch die meisten von uns entscheiden aus dem Kopf und nicht aus ihrem Inneren und somit dem eigenen Gefühl.

Lebe aus Deiner Seele heraus, dein Körper wird dir immer folgen. Bisher hat dein Körper geführt und deine Seele war und ist unglücklich !!

Wie oft ist es dir auch schon passiert, dass du im Nachhinein festgestellt hast, dass dein inneres und erstes Gefühl richtig war ?

Die meisten handeln deshalb so, weil sie es erst einmal allen anderen recht machen, niemandem weh tun oder gar beleidigen wollen. Gesellschaftlich tun wir also genau das, was alle von uns erwarten. Nur meist nicht das, was wir wirklich wollen und was uns letztendlich Wohlbefinden schenkt. Es ist in diesem Sinne nun jedem selbst überlassen, wie lange man Diener der Gesellschaft, oder sein eigener Herr und Meister ist oder wird. Denn 1. sieht die Natur viel lieber zufriedene Menschen, die der Natur auch Sorge tragen, wie 2. das Umgekehrte.

Wie oft ist es uns denn wirklich schon geschehen, dass wir im Nachhinein zu uns selbst gesagt haben, zu kurz gekommen oder dass wir nicht getan haben, was unser ureigenes Ich wirklich wollte. Ja ja leider ist es unser Bewusstsein, das uns immer wieder einen Strich durch die Rechnung macht und uns nicht so leben lässt wie wir es wirklich wollen. Was das wohl ist, darauf werde ich in einem späteren Kapitel zurückkommen, wenn wir das Unterbewusstsein aus verschiedenen Gesichtspunkten betrachten.

4 Beziehungen ? Wo stehe ich wirklich ?

Beziehungen sind alle Verbindungen in denen wir zu anderen Menschen stehen.

Beziehung ist Leben und hat nichts mit Müssen zu tun!

Kein Bangen, Hoffen und Glauben,
soll dir deine Freiheit rauben.
Jeder soll in Freiheit gehen
und so zu andern Menschen stehn !

Die erste Verbindung die wir im realen Leben eingehen, ist die mit unserer Mutter, die der Eltern und allf. Geschwistern. Diese Beziehungen dauern meist am längsten denn sie wurden bereits schon in der geistigen Welt geschaffen, ohne irgendwelche realen Einflüsse. Ebenso sind alle Verbindungen zu unserer Verwandtschaft lange vorher gelegt worden, denn es war mitunter unsere Entscheidung in der geistigen Welt, in welchem Umfeld wir unsere Aufgaben erfüllen wollen. Jugendfreundschaften sind meist auch von langer Dauer. Als diese entstanden, waren wir noch unbefleckt und ohne Sorgen, dadurch entschieden wir meist innerlich.

Doch dann beginnt oft der Weg, der in einem Durcheinander endet, muss nicht, aber kann sein. Als Kinder sind unsere Entscheidungen sehr stark nach unserem inneren Gefühl gefallen und genau diese sind es, die im späteren Leben immer wieder wertvoll sind, obwohl wir genau in diesen Beziehungsentscheidungen auch immer wieder bereit waren loszulassen. **LOSLASSEN** ist die Eigenschaft, die wir im späteren Leben leider verlernen oder erst dann tun, wenn es ein erzwungenes, im Streit auseinanderbrechendes Loslassen wird. Was daraus entstehen kann, werde ich hier nicht erklären müssen. Das gleiche geschieht auch in Vereinen, Clubs, Gemeinschaften oder Verbindungen, die regelmässig etwas loshaben und man sich dadurch immer wieder trifft. gewöhnt sich an sehr vieles und akzeptiert es, ein Mitglied einer Gemeinschaft zu sein, zu der man sich freiwillig dazugesellt hat, lässt es zu, sich gleich zu machen nach Statuten, Reglementen, Gesetzen oder heiligen Schriften und geniesst die Privilegien, wenn man viele Jahre dabei war, gar im Vorstand zu sitzen oder in der Hierarchie weiter nach oben steigen kann. Selbst erkennt man nicht mehr, dass man benutzt wird, in vielerlei Beziehungen. Sei es neue Mitglieder zu gewinnen oder Bestehende gleich zu machen. Meistens sind materielle Interessen und oder das Nutzen von zusätzlichem Know how, das in der Folge oft kostenlos eingebracht wird, von zentraler Bedeutung. Irgendwann, wie es dann vielfach läuft packt einem selber der Frust, hat man doch soviel gegeben und selbst immer weniger davon bekommen oder ist neidisch weil andere in der Hierarchie durch Beziehungen an einem vorbeiziehen oder erhält aus eigenen Reihen, der Hierarchie nicht mehr die Unterstützung, die man eigentlich erwartet. Es gibt noch viele Gründe, weshalb mancher dann aufhört, oder sich dann weiterleben lässt.

Bei den partnerschaftlichen Beziehungen verhält es sich natürlich völlig anders, ist mir auch bewusst. Oft sind es Zweckgemeinschaften auf biegen und brechen, die dann brechen, wenn nichts mehr geht, statt dass man sich gegenseitig Freiräume zugesteht um auch einen Teil des eigenen Lebens leben zu können. Vielfach versucht Einer den Anderen zu dominieren, man lässt dies gefährliche Spiel zu, bis Mancher dann unendlich die Nase voll hat, oder sich durchbeisst bis ans bittere Lebensende.

Beziehungen müssten frei sein können, sie sollten fliessen und eine Harmonie entstehen lassen, die ein unabhängiges und freies Leben weit ermöglichen.

Bangen, Hoffen und Glauben, sind alles Eigenschaften, die mir persönlich unsicher sind. In ihnen verbirgt sich Angst, da es für mein persönliches Empfinden nichts mit Ehrlichkeit und Wahrheit zu tun hat. Hätte ich es mit meinen Sinnesorganen selbst wahrgenommen und alle Unsicherheiten durch Kommunikation zusätzlich ausgeräumt, müsste ich nicht mehr bangen, hoffen oder glauben, bräuchte keine Angst zu haben, denn es ist mir vertraut, wahr und ehrlich. Ich selbst frage mich immer wieder weshalb wir nicht in Klarheit leben können? Ja oder Nein, Ein oder Aus. Weshalb brauchen wir diese unsichere Mitte des; ich bange um, ich hoffe dass, habe gehört oder gelesen und glaube dass?

Leben ist in der Gegenwart, also ist es, oder eben nicht, wenn ich mir was wünsche für die Zukunft, dann wird es sein oder eben nicht sein, und in der Vergangenheit war es oder nicht!

Legen wir diese Gedanken in unsere Beziehungen und Verbindungen hinein, dann würde vieles klarer werden. Klarheit ist ein erstrebenswertes Ziel in der Gegenwart. Bin ich aber auch bereit loszulassen?

Doch wenden wir uns erst unserem eigenen Ich zu.

5   Hey wer bin ich ??

Ja, wir sind im Hier, jetzt auf dieser Welt und etwas ganz Grossartiges hat uns einen Körper geschenkt, fünf Sinnesorgane, zuzüglich der Stimme, den Händen und der Körpersprache die so manches zum Ausdruck bringen können, das mit den Sinnesorganen nicht möglich ist. Ebenso geschehen um uns herum Dinge, die mit keinem Organ festgestellt werden, sondern nur durch unser eigenes Ich, unserer Seele. Doch manch Einer ist gar nicht im Stande und auch nicht bereit, diese Wahrnehmung zu sensibilisieren, damit zu leben und sie umzusetzen, dass aber für unser eigenes Leben wichtig sein könnte, wenn man es will.

Eines wurde mir klar, mein ICH hat einen Körper geschenkt bekommen mit allem was daran ist, um in der physischen Welt zu sehen, hören, tasten, riechen und schmecken, kommunizieren um mit anderen Menschen reale Erfahrungen zu machen und sich auszutauschen.

Mir wurde bewusst, das unser ich, die Seele, und der Körper als Geschenk dazu, letztlich ein Mensch ist, der selber lebt, oder gelebt wird.

Doch was verbindet uns untereinander und was erst recht gibt jedem Menschen seinen Charakter, seine Ausstrahlung, sein Leben? Meist wird vom Herzen gesprochen, doch nur deshalb weil viele dem Herzen unser Leben zuschreiben, in dem es regelmässig pocht, bis an unser Lebensende. Das Herz ist ein Teil unseres Körpers, das angetrieben wird durch das Ich, der Seele, doch die Seele kann ja bekanntlich nicht gesehen werden, darum wurde uns beigebracht, dass es unser Herz ist, das Empfindungen jeglicher Art fühlt, und wir uns in diesem Sinne oft nach dem Herzen richten und auch entscheiden. Doch mancher erkennt mit der Aussage "hätte ich doch getan was ich als erstes gefühlt habe, dann wäre dies nicht geschehen" oder "nicht so heraus gekommen" mit ähnlichen Aussagen und Denkweisen, dass man selbst zuwenig auf die Seele in sich gehört hat. Wenn ich meinen eigenen Lebensweg gehen will, sollte ich auf mein Inneres hören, ansonsten ich immer wieder etwas tue, das ich eigentlich gar nicht will oder nicht wollte. Also das Herz kann mir kein Gefühl vermitteln, es schlägt unentwegt in mir und kann, wenn die Seele nicht mit uns ein-verstanden ist, unregelmässig werden, so dass es uns für einen Moment schlecht wird oder gar nicht mehr geht.

Über unsere Sinne nehmen wir wahr, und mit der Seele fühlen wir. Wenn es der Seele nicht passt, gibt sie ein Signal an den Körper weiter, so dass unser Körper es fühlt. Wenn wir darauf achten, was der Körper uns damit sagt, werden wir vieles erkennen können und bei der Ursache wieder in Ordnung bringen, nämlich da wo es entstanden ist.

In jedem Moment unseres Lebens werden wir immer wieder gefordert Entscheidungen zu treffen, die für oder gegen uns sind. Hier müsste man als erstes ansetzen und egal was es ist, auf das eigene Innere ICH hören und dann das tun, was das ICH will. Doch häufig hören die Menschen nicht auf sich selbst. Sie folgen den Gewohnheiten, entscheiden nach dem Weg des geringsten Widerstandes, dienen, bedienen, wollen es einfach allen anderen recht machen und irgend wann sagen sie sich dann; "Hey also so geht das nicht" oder "das kann es doch nicht gewesen sein". Dann realisieren sie, dass das Selbstwertgefühl und -vertrauen dem Ende zugeht und rennen zum nächsten Psychologen, der dann alles wieder richten sollte. Doch im Grunde liegt alles in uns selber und wir hätten eigentlich alles, um uns selbst wieder in Ordnung zu bringen.

Immer wieder wird gesagt, dass unser Sein im höchsten Falle 10 % Bewusstseinsebene hat, der Rest sei Unterbewusstsein. Die meisten Menschen sind sich sehr wohl bewusst, dass im Bewusstsein Entscheidungen getroffen werden und sie somit Gefahr laufen, das eigene Ich, nämlich die 90 % Unterbewusstsein nicht miteinzubeziehen und so gegen sich selbst entscheiden. Bewusst wurde mir, was ich viele Jahre getan habe. 10 % Realität haben entschieden und die restlichen 90 % wurden nicht berücksichtigt. Mein Ich wurde immer unglücklicher und unzufriedener und nur deshalb, weil ich nicht auf mein Eigen und Innerstes gehört habe. Wie könnte es auch anders kommen, wenn ich mein Unterbewusstsein nicht in meine Entscheidungen mit einbeziehe. So wird mit grösster Wahrscheinlichkeit mein ICH auch nicht bereit sein, die bewussten Entscheidungen zu akzeptieren. Weshalb sollte es auch? In der Folge rebelliert mein Körper, ausgelöst durch meine Seele, indem ich irgend einen Schmerz empfinde, und wenn ich weiter in diese Richtung gehe ein Gebrechen, eine Geschwulst, ein Tumor oder eine Krankheit entstehen kann. Weshalb mache ich es mir denn so schwer, müsste ich doch nur als erstes auf mein Inneres hören, ich hätte ein viel angenehmeres und einfacheres Leben.

Für mich habe ich erkannt, dass es ein körperliches und ein seelisches Hier sein gibt, dass jedes für sich sein kann, auch als solches erkannt wird und doch zusammen uns als Menschen identifiziert, so wie wir sind, wunderbare Wesen, die es kein zweites Mal mehr gibt, mindestens bis jetzt noch nicht (Gentechnologie).

6 Lösen von Zwängen

Werde dir bewusst in allen Bereichen deines Lebens, mit welchen Mitteln, Aussagen und Eigenschaften du selbst oder durch Andere eingeschränkt wirst. Wie du es tust und wie du denkst. Was in dir ist, strahlst du auch aus. Das Energiefeld, das du in dir hast und aussendest, engt dich ein oder macht dich frei. Egal welche der nachstehenden Eigenschaften in dir sind. Mache dich frei von ihnen, du brauchst unheimlich viel Kraft um sie zu erhalten, engst dich dabei selber ein und machst dich unfrei. Sie entstammen immer aus der Vergangenheit und belasten dich in deiner Gegenwart oder gar in deiner Zukunft.

> HASS ¦ WUT ¦ ZORN ¦ EIFERSUCHT ¦ NEID
> ANGST ¦ FURCHT ¦ TRAUER

Natürlich gibt es noch eine ganze Reihe mehr solcher Eigenschaften, die dich gefangen nehmen können, doch ich denke, dies sind die Wichtigsten, oder gar die Schlimmsten

Noch gefährlicher wird es aber für dich, wenn du beginnst, Eigenschaften mit den drei Zeiten zu vermischen, der Vergangenheit, Gegenwart und der Zukunft. Du wirst unweigerlich zwischen Stühle und Bänke fallen, ein Loch, eine Irritation zwischen der Realität und deinem medialen Leben. Die Vergangenheit und die Zukunft haben nichts miteinander zu tun. Lass die Zukunft vor dir liegen, denn du kannst nichts tun für das Morgen, ausser dich vorbereiten. Aus der Vergangenheit darfst du alles Geschehene loslassen, denn auch in dieser Zeit kannst du mit keiner Kraft, keinem Geld und keiner Maschine, Geschehenes ungeschehen machen oder verändern. Einzig die Erfahrung, Erkenntnis und Weisheit soll dich in der Gegenwart bei jeder Entscheidung, die du fällst, so beeinflussen, dass du immer glücklich und zufrieden sein kannst und dich dabei wohl fühlst.

Überprüfe deinen Willen. Ist er auf Materielles ausgerichtet, wird er dich unfrei machen. Wenn es dich aber glücklich und zufrieden machen wird, ein solches Ziel zu erreichen dann entscheide dich im Jetzt so, dass du das Ziel erreichen kannst. Lege kein Ziel in deine Zukunft, es wird dich ein Vielfaches an Kraft kosten und dabei für manch anderes in der Gegenwart verschliessen.

Eine Firma kann sich ein Ziel in der Zukunft setzen, weil alle Menschen, die dazu benötigt werden es zu erreichen, ersetzbar sind. Du selbst kannst dich aber in der Zukunft niemals ersetzen, also bleibt dir nur die Gegenwart um Schrittchen für Schrittchen zu der Erfüllung deiner Wünsche zu gelangen.

7   Ich bin Eins und liebe mich selbst !!

Jeder von uns erlebt es, doch nicht Jeder nimmt es wahr. Unsere Sinne melden unserem Bewusstsein aus Illustrierten, der Werbung, dem Fernsehen, auf der Strasse, in Häusern, überall wo wir es zulassen, wie viel schöner, perfekter, gestylter Andere sind und erleben in unserem realen Dasein, wie wir mit allen Mitteln Anderem nacheifern. Plötzlich erkennen wir, dass unsere Nase krumm ist, der Hintern zu dick, das Muttermal im Gesicht, die Frisur nicht stimmt, die fahle Gesichtshaut, der Busen hängt, unser Körper komisch riecht und was es noch so alles an uns auszusetzen gibt und das nur deshalb, weil unser Bewusstsein sich mit Anderen vergleicht. Bewusstsein? .... 10 % machen es dem Rest meines Daseins schwer, anstatt dass die 90 %, die Seele, bestimmt wie meine Realität sein sollte? Wir verlieren dabei soviel Energie, die wir eigentlich für wesentlichere Dinge gebrauchen könnten, wie zum Beispiel für unser Ich. Dabei bräuchten wir uns nur um uns selbst zu kümmern und zwar so, dass wir uns einfach selber lieben und wohlfühlen.

Manchmal denke ich, die Menschheit sei daran, sich alle Mühe zu geben, durch Äusserlichkeiten, einen richtigen Kampf zu betreiben, um mit so vielen Mitmenschen als nur möglich, gut auszukommen. Dabei sind wir für solche Volumen nicht unbedingt geschaffen. Meist endet es im Stress, den man sich selber auferlegt und zugelassen hat. Loslassen in Liebe von Dingen die man glaubt zu lieben, doch nichts zurück kommt, ist eine Sache. Besser jedoch wäre, alles zu lieben, ohne Kraftakt. Den Liebe erzeugt Liebe.
Es ist ja verrückt, wenn man bedenkt, wie viel dass für solche kleine Unterschiede an uns ausgegeben wird.

Dabei ist es genau das, was uns unterscheidet, uns zu einem einzigartigen Wesen macht, das ein erfülltes Leben führen könnte, wenn wir auch unser Innerstes in die Entscheidungen einbeziehen würden, indem was wir wollen und tun.

Doch wie können wir das, wenn wir nicht erkennen, dass wir ein reales - und ein mediales Dasein haben und diese beiden Teile nicht klar kommen miteinander? Eine Freundschaft kann doch auch nur dann funktionieren, wenn wir uns mit dem anderen Menschen verstehen. Weshalb versuchen wir denn nicht, unseren eigenen Körper zu verstehen, eine Freundschaft mit uns selbst?

Es ist an der Zeit, dass wir unseren eigenen Körper akzeptieren so wie er ist, denn wir selbst haben die Entscheidung über die Inkarnation getroffen, dass wir in diesen Körper wollen. Das erste, das wir lernen sollten ist, unserem Körper einfach mal dankbar zu sein. Dass wir leben dürfen, alles so funktioniert wie es ist, dass wir wahrnehmen dürfen über die Sinne und uns austauschen können mit anderen Menschen. Die Erfüllung unseres Daseins ist nicht materielle Güter zu häufen, obwohl wir diese brauchen, um unser reales Leben zu er-möglichen, doch mitnehmen können wir real gar nichts. Unsere Aufgabe ist es, über unsere Wahrnehmungen, Erkenntnisse und Weisheiten zu erlernen, weiter zu kommen, und genau dies ist es was unsere Seelen, im medialen Leben mitnehmen dürfen und können.

Als eben geborene Säuglinge waren wir eins mit uns selbst, dann hat man uns erzogen, grossgezogen, kommt übrigens von ziehen, man hat uns dahin gezogen, wo uns die Gesellschaft haben will und es der Wunsch unserer Eltern war. Nicht aber dahin wo wir selbst eigentlich hinwollten.

Dann wurden wir erwachsen, gingen in die Unabhängigkeit, die eigentlich keine ist, denn wir tun genau das, was wir gelernt haben, auch wenn wir uns dazumal frei gefühlt haben. Dann kommt der Moment, da wir gefrustet erkennen, dass wir im Zentrum unseres Inneren nicht glücklich und zufrieden sind. Danach folgt der beschwerliche Weg der vielen Erkenntnisse, und irgendwann wollen wir uns verändern.

In der Bibel wird von einer Wiedergeburt und einer Erwachsenentaufe geschrieben, die dann geschehen soll, wenn man sich selbst erkannt hat. Ich glaube auch, dass alles was in der Bibel geschrieben steht, die Wahrnehmung aus der damaligen Zeit ist, die dann durch Schriftgelehrte und Propheten festgehalten wurde. Ich habe für mich gelernt die Bibel zu verstehen, doch auf die heutige Zeit bezogen zu interpretieren. Ich bin der Meinung, dass die Erkenntnisse über das eigene Ich, die Wahrheitsfindung, im Grunde der Wiedergeburt wie in der Bibel beschrieben, einem neuen Menschen, gleich kommt. So wenn ich wiedergeboren werde im Stadium des Erwachsenseins, indem ich mein wahres Ich erkenne, ist es an der Zeit, dass ich mich selbst mit meiner eigenen Liebe taufe, und somit die Seele und meinen Körper zu Einem werden lasse. Denn alles ist in uns, von Anfang an, wir haben alles geschenkt bekommen von etwas Grossartigem. In der Bibel wird es als Gott bezeichnet, der uns geschaffen hat. Ich nehme mir den für mich wichtigsten Spruch aus der Bibel, als Lebensgrundlage zu allem was ist. Geschrieben steht;

"Liebe deinen Nächsten wie dich selbst".

Doch stellt sich hier natürlich schon die Frage, wer ist mir der Nächste ? Bin nicht ich mir selber am nächsten? Wenn ich also lerne, mich wirklich selber zu lieben, werde ich Jeden, der mir der Nächste ist, lieben können. In mir sollte doch erst mal gedeihen, was dem Nächsten dann zu Gute kommt.

An keinem Tun verlierst du sowenig Kraft, wie wenn du dich selber liebst !

Liebe dich selbst, dann kannst du lieben und du wirst geliebt !

8 Die Gegenwart und was mich am Leben hindert.

Vieles kann mich an meinem eigenen Leben hindern, es nach meinem eigenen Gusto zu leben um mich wohlzufühlen. Wie in einem Kapitel vorher beschrieben, dienen wir meist erst allen Anderen, bevor wir an uns selber denken. Wie können wir denn an uns selber denken, wenn wir uns selbst nicht wahrnehmen? Weshalb das so ist, werde ich dir gleich erklären. 1000 und 1 Eigenschaft können uns am eigenen Leben hindern. Alle diese Eigenschaften dürfen wir erleben und leben, aber nicht zu lange in uns tragen, denn irgendwann beginnen sie uns nach und nach aufzufressen und nehmen uns unendlich viel Energie. Weshalb wir sie trotzdem brauchen, liegt alleine daran, dass wir durch sie neue Erfahrungen sammeln und durch diese an Kraft gewinnen. Die acht Schlimmsten doch auch kurzfristig die Nützlichsten, habe ich bereits schon aufgezählt, doch werde ich es der Einfachheit nach nochmals tun.

Zorn - Wut - HASS - Neid - EIFERSUCHT - Furcht - ANGST - Trauer.

Überlege dir nun aus welcher Zeit diese und andere Eigenschaften ihren Ursprung haben. Der Vergangenheit, Gegenwart oder Zukunft?

Wenn du nun feststellen solltest, dass alles in der Vergangenheit entstanden ist, dann frage ich dich nun:

1. Kannst du im Heute für Gestern irgend etwas verhindern, ungeschehen machen oder verändern?

2. Weshalb projizierst du gar irgendwelche Eigenschaften aus der Vergangenheit in deine Zukunft? Könnte es nicht sein, dass Morgen alles anders kommt?

3. Wenn dir das Gestern noch solche Sorgen bereitet, weshalb lässt du nicht vom Geschehenen los? Nimm es an als einen Teil deines Lebens, akzeptiere es und erkenne dann, weshalb es geschehen ist. Mit der gewonnenen Erkenntnis, kannst du dich in der Gegenwart wieder auf Neues freuen.

So geschieht es, dass du neben allen anderen dienenden Pflichten, die du dir selbst auferlegst, in dem du sie zulässt, noch zusätzlich Eigenschaften lebst, die dich von der Wahrnehmung in deiner Gegenwart mehr und mehr ablenken oder gar trennen. Wie lange möchtest du denn noch von deinem eigenen Lebensweg getrennt sein? Möglicherweise betreibst du ohne es zu wollen eine Energieverschleuderung ohne Ende, die eigentlich für gar nichts ist. Bis zu dem Punkt indem du erkennst, dass es sich bei weitem nicht lohnt solche Verschwendung zu betreiben. Schlussendlich macht es dich nur unfrei in der Gegenwart, und genau die brauchen wir um zu leben.

Könntest du all diese Dinge loslassen, in dem du Vergangenes akzeptierst und dann erkennst um was es eigentlich geht und für was es war. Du hättest alle erdenklichen Weisheiten die du im Jetzt bräuchtest um all deine Entscheidungen so zu treffen, dass du keine einzige Eigenschaft in die Gegenwart projizieren müsstest, ausser EINER.

Tue es in Liebe, dann erfüllen sich nicht deine Projektionen sondern deine Wünsche.

Als Säuglinge machten wir was, wie und wann wir es wollten. Wir rülpsten, furzten, weinten, schrieen, lachten, strahlten, liessen alles in die Windeln und so weiter. Nur ein paar Beispiele: Nach dem Schoppen hat man uns auf dem Rücken geklopft bis wir endlich rülpsten, wenn wir es als Erwachsene im Heute nach dem Essen tun, nennt man uns Schweinchen. Wenn wir als Erwachsene Blähungen haben, verdrücken wir es solange, bis es nicht mehr geht, dann lassen wir vorsichtig unser Methangas ab und hoffen, dass es lautlos war und nicht stinkt. Wenn es aber hörbar wird und stinkt, schauen wir mal den uns am Nächsten beschuldigend an und wenn das nicht klappt, sagen wir Entschuldigung, fühlen, dass es uns zwar besser geht, doch Schweinchen werden wir in den Gedanken Anderer trotzdem genannt. Wenn du den Mut hast, wenn es dir einfach rundherum gut geht und du die Lust verspürst einen Freudenschrei zu tätigen, dann ist es ungleich dem Säugling, der es tut. Beim Säugling freut man sich und erkennt die Freude die er so zum Ausdruck bringt. Als Erwachsener hingegen wird dir nachgesagt, dass du ein nicht kalkulierbarer und unbeherrschter Spinner seiest.

Ist doch interessant, wie man über das Älterwerden zu einer funktionalen, gesellschaftlichen Maschine gemacht wird. Ältere Menschen funktionieren dann meist so gut, dass sie sich nicht mal mehr getrauen, etwas zu sagen oder zu tun. Denn es könnte ja falsch sein, von den jüngeren Generationen verkehrt verstanden zu werden, dass es ein nicht mehr zeitgemässer Gedanke ist oder dass sie gar zur Belastung unserer Gesellschaft werden könnten.

Es gibt für mich zwei Möglichkeiten. Entweder ich lasse mich nach der Erziehung durch die Gesellschaft weiter ziehen oder ich fühle mich zu meinem eigenen Leben hingezogen und lebe.

9 Erkennen der Türen und Wegweiser

Real gesehen, ist der korrekte Weg von Moskau nach Lissabon über Tschechien, Österreich, Schweiz, Frankreich, Spanien und Portugal. Doch wer sagt uns denn, dass der Weg über die nordischen Länder nicht der lehrreichere und Richtige gewesen wäre? Unter Umständen hätten wir auf dem viel längeren Weg die Begegnungen und Geschehnisse erhalten, die für uns nötig und wichtig gewesen wären, um im Leben die richtigen Schritte vorwärts zu kommen.

Bis zum April 2000 bin ich meist oder nur, mit meinem Auto zur Arbeit gefahren, war immer mit mir selbst unterwegs und am Abend so richtig müde von der ganzen Hektik, dem Stau und Ärger des täglichen Verkehrs. Im Mai musste ich dann meinen Führerschein abgeben, einen ganzen Monat lang wegen zu schnellem Fahren. Damals dachte ich mir, das wird mein geschäftlicher Niedergang. Weit daneben, es bedurfte einem Umdenkprozess. ich löste ein Generalabonnement für alle öffentlichen Verkehrsmittel und begann meinen Arbeitstag differenter zu planen und organisieren. Was absolut neu war für mich, die Pünktlichkeit, die ich dadurch erlangte. Mein Chauffeur sitzt ganz vorne und hat dafür zu sorgen, dass ich zur Zeit ankomme und am liebsten ohne Blechschaden. Ebenso neu war die Ruhe und Gelassenheit, die ich so geschenkt bekam. Kein Gefluche mehr über Baustellen, Unfälle, Staus, Fahrzeugkontrollen, Radarblitzgeräte und der Ärger über andere Verkehrsteilnehmer, die sich nicht an die Verkehrsordnung hielten oder halbschlafend durch die Gegend kurvten. Das Risiko des Unfalls habe ich auf fast Null reduziert (zumindest ist bis heute noch nichts geschehen). Die Kostenreduktion für alle meine Reisen senkten sich auch rapide auf 2'800.- „Schwizer Fränkli" pro Jahr, die somit überschaubar und gering sind im Vergleich mit den Kosten die ich mit dem Automobil hätte.

Diese Geschichte erzähle ich deshalb, weil ich ohne den Führerscheinentzug diese Tür nicht erkannt hätte, die mein Leben in vielen Belangen verändert hat. Heute treffe ich immer wieder interessante Menschen mit denen ich ins Gespräch komme, so dass ich am Abend nicht mehr unbedingt das Verlangen habe, wieder unter Menschen zu sein, in irgendwelchen alkoholischen Vergnügungs- und Speiselokalen, und wenn ich es trotzdem mal will, brauche ich mir bezüglich Alkohol und Heimfahrt keine Gedanken mehr zu machen. Mein Chauffeur wird mich sicher nach Hause fahren, ohne dass ich kontrolliert werde.

Einem Bekannten wurde sein Gesicht durch einen Unfall erheblich entstellt, das mit aller Wiederherstellungschirurgie nicht wieder in den alten Zustand zurückgebracht werden konnte. Oft leidet er darunter, weil viele Menschen um ihn einen Bogen machen. Ich erklärte ihm dann, dass es nicht wichtig sei mit allen auszukommen, er solle doch die Menschen und Beziehungen pflegen, die trotzdem in der Gegenwart auf ihn zukommen und zu ihm stehen, diese seien es auch wert. Nach 2 Monaten rief er mich an, in heller Freude und teilte mir mit, dass sich wohl viele von ihm abgewandt hätten, er heute aber einen völlig neuen Bekanntenkreis um sich habe, der ihm viel mehr gäbe und nicht nur er, sich um die Beziehung zu anderen bemühen müsse.

Eine Familie, die ich letztes Jahr besuchte, fand einfach keinen Kontakt zu den Nachbarn und wenn doch, dann ging es um Bäume, Hecken schneiden und den Kot von der Katze. Also sicherlich nicht das, was man sich vorstellte. Ich fragte dann mal nach, welcher beruflichen Tätigkeit der Nachbar nachgehe. Worauf ich zu hören bekam, dass beide, der Nachbar wie mein Bekannter, in der gleichen Ortschaft, 50 Meter voneinander, in verschiedenen Firmen und jeder fast zur gleichen Zeit, mit dem Auto zur und von der Arbeit fahren. Ich schlug dann vor, dass sie doch gemeinsam den Arbeitsweg in nur einem Auto fahren sollen, was sie dann auch kurz danach in die Realität umgesetzt haben. Das funktioniert mittlerweilen bestens, und beide Familien sind dadurch einander viel näher gekommen und verstehen sich wunderbar.

Manchmal kommt es auch vor, dass du gleiche Menschen mehrere male triffst oder siehst, ganz grundlos geschehen diese Begegnungen meist nicht, doch leider bleibt es bei diesen Begegnungen und merkt oft nicht, dass möglicherweise eine Türe weit offen steht. Man spricht sich nicht an, aus welchen irdischen Gründen auch immer, bereut es aber, wenn man es nicht getan hat und sich danach nicht mehr sieht.

Genauso geschieht dies auch mit Büchern, CD's, Sprüchen an Pinwänden, irgendwelchen Kleinigkeiten in der Natur usw. usf. und wenn man sich dann damit auseinandersetzen möchte, sind sie nicht mehr da. Dies geschah mir selbst mit einem Buch, das ich immer wieder sah, doch weder reinschaute noch kaufte. Erst viel später wurde mir das Buch geschenkt, und es eröffnete mir beim Lesen viele Türen und

Wegweiser für mein Leben, auf die ich heute nicht mehr verzichten möchte.

Die Meisten von uns sind in der Gegenwart, mit ihrem Umfeld, sich selbst, der Vergangenheit und Zukunft so beschäftigt, dass wir die Wahrnehmung in der Gegenwart, mit den vielen kleinen Türchen und Wegweisern verschlossen halten. Versetze dich in deine eigene Kindheit und erkenne, wie viel spontaner und offener du dazumal warst. Klar sind wir heute erwachsen, doch weshalb sollten wir die Offenheit und Spontanität nicht auch im Jetzt leben?

Als Kinder haben wir soviel gelernt dabei und mit unserem Wissen, das wir im Heute haben, würden wir genauso, wenn nicht noch viel mehr, dazu lernen. Stelle dir mal selbst folgende Fragen:

Weshalb du im Jetzt so bist?

Weshalb du deine kindliche Art, offen und spontan zu sein, abgelegt hast?

Ist es die Gesellschaft, die es dir verbietet so zu sein?

Hast du dich selber mit Vergangenem so beladen, dass du nicht anders sein kannst?

Ist es der Stress, materiellen Dingen nachzueifern, Häufchen zu machen?

Die Familie, dein Partner, die es dir verbietet einfach Mensch zu sein?

Was ist der Grund, dass du nicht so bist wie du sein möchtest?

Einfach Mensch, einfach du, so wie du wirklich bist?

10 Zeichen meiner Seele.

Solange wir selbst nicht mit Seele und Körper eins sind, werden wir uns auch nicht wirklich verstehen können. Mehr und mehr fühle ich, dass unsere Seele, das Unterbewusstsein, mit allen anderen Seelen kommuniziert, über unsichtbare Energieströmungen. Doch solange wir unsere eigene Seele nicht erkennen, werden wir Andere nicht wahrnehmen können. Also sollten wir uns erst einmal klar werden über unser eigenes Ich, der Seele, und wie sie mit unserem Körper kommuniziert und weshalb es wichtig ist, dass unsere Seele mit Anderen in Verbindung steht. Ich gehe davon aus, dass ein jeder, schon vor der Geburt, seinen Aufgabensack gefasst hat und im körperlichen Leben, die Aufgaben erfüllen sollte. So werden wir über unsere eigene Seele und aller anderen Energieströmungen dahin geführt oder gezogen, da es für uns etwas zu tun gibt oder wir um eine Erfahrung reicher werden sollten. Nur meistens erkennen und akzeptieren wir diese Geschehnisse nicht, schieben sie weg und leben einfach real weiter, als ob nichts gewesen wäre. Danach werden wir, wie so oft, immer wieder in die gleiche oder ähnliche Situation geführt, bis wir realisieren, dass es ein Teil unseres Lebens ist. Erst jetzt werden wir um eine Erfahrung reicher, kommen einen Schritt weiter und werden zu der nächsten Aufgabe geführt. Die Wenigsten von uns erkennen dies, sie zerbrechen daran und verstehen nicht, weshalb ihnen immer wieder das Gleiche passiert. Und genau da ist etwas, was wir wieder nicht wahrnehmen, wir behandeln zwar die Symptome durch einen Arzt oder Psychologen, doch die Ursache lässt man einfach wieder liegen und ist verwundert, wenn die gleichen Symptome und Signale immer wieder kommen.

Ja ja, klar könnte man sich nun wieder rausreden, in dem ich zu mir selber sage; "Ich lebe ja körperlich im Da, also was soll's", schlägt das Kapitel zu und weg ist es.

Doch unsere Seele wird weiter unserem Körper Signale senden, ob wir nun wollen oder nicht. Ich werde versuchen, diese Signale die aus der Seele an unseren Körper gehen ins reale Leben zu übersetzen.

Real ist alles, was uns ein gutes Gefühl schenkt, dass es uns einfach gut geht -- das wollen und geniessen wir. Alles was uns selbst konfrontiert, was weh tut, uns schmerzt, uns leiden lässt, uns in ein psychisches Tief ziehen kann, dagegen kämpfen wir, wehren uns, weisen es von uns, machen alle Anderen schuldig und akzeptieren es nicht als einen Teil unseres Lebens. Doch jeder Kampf, jedes Wehren birgt den Kleinkrieg in sich, doch wo Krieg ist, sind auch Tote und Verletzte. Willst Du das ?

Gehen wir zu unserer Entstehung zurück und erkennen, dass wir nur ein Teil der Natur sind. Wir entstanden aus der Natur und ernährten uns von allem was um uns war. Sicher, das tun wir auch heute, doch irgendwie anders. Dazumal haben wir nicht gekocht, gewohnt, telefoniert, sind nicht geflogen und vieles mehr. Erst durch unsere Entwicklung haben wir es unserem körperlichen Dasein nach und nach einfacher, bequemer, komfortabler, sicherer usw. gemacht. Somit ist für jede Eigenschaft unseres körperlichen Daseins ein Beruf entstanden, durch den wir unsere realen Wahrnehmungen und Wünsche befriedigen, aber andere damit auch beschuldigen können. wenn es nicht so ist wie wir wollen und somit immer eine Ausrede finden. Wenn wir Hunger haben gehen wir essen, wenn die Fassade abbröckelt gipsen und malen wir, wenn wir Eisen brauchen für Werkzeuge, graben wir, usw. und der Natur geht es immer schlechter!! Wir haben und tun es auch heute noch, dass wir uns an der Natur fast uneingeschränkt vergreifen. Doch die Natur ist wie unsere Seele, und alles was sie hervorbringt ist im Körper und wir Menschen misshandeln die Seele, indem wir körperlich mehr von der Natur abverlangen, als sie uns geben kann. Nur wenige erkennen dies, publizieren es, einige nehmen es wahr, doch die meisten machen weiter wie bisher. Dann werden Gesetze, Verordnungen und Verbote gemacht, damit man diesem Trend symptomatisch entgegenwirken kann, doch die Verursacher bleiben meist bestehen. Unser Dasein ist ein Teil der Natur, und auch wir funktionieren in gleicher Weise, einfach in kleinerem Rahmen. Ich habe für mich erkannt, das wir Signale unserer Seele erhalten, die in vier Gruppen aufgeteilt sind:

Ich – Signale

Du + ich – Signale

Wir + uns –Signale

Alle geht es an - Signale

Die **"ich-Signale"** sind die kleinsten, auch wenn sie grosse Wirkung auf uns haben können. Verletze ich mich an etwas Scharfem, war ich unachtsam, das heisst von der Seele aus; "pass besser auf dich auf". Verstauche ich ein Gelenk beim Sport, habe ich zuviel von mir selbst abverlangt, um vielleicht auch anderen zu zeigen, wie gut und wertvoll ich bin. Dabei sagt mir die Seele; "He auch du hast körperliche Grenzen! Brauchst du diese Wertbestätigung von aussen wirklich?" Stecken wir uns mit einer Haut- oder gar Geschlechtskrankheit an, werden wir schnell einen Schuldigen finden, anstatt auf unsere Seele zu hören, die uns sagt; "du bist sehr unachtsam, nimmst keine Rücksicht mehr auf dich selbst, gehst alle Risiken ein --- Werde deiner selbst bewusst, beschäftige dich wieder mal mit dir."

Mit 12 Jahren durfte ich jede Woche einmal mit dem Fahrrad von Erlach am Bielersee, nach Finsterhennen fahren zum Reiten. Mein Heimweg führte dann am Bielersee an vielen Badehäuschen vorbei nach Erlach. In einem dieser Häuschen lernte ich einen Mann kennen, mit dem ich oft lange Gespräche geführt habe. Irgendwann wollte er meine Hand sehen, um die Handlinien zu deuten. Er sagte mir, dass ich nur 38 Jahre alt werden würde. Diese Prophezeiung konnte ich gut weglegen, sagte einfach zu mir, dass es ja noch lange dauern wird, bis ich 38 Jahre bin. Dachte mir aber damals schon, dass ich älter werden würde. Die Jahre gingen dahin, und als ich im Alter von gut 36 war, liess ich mir einige Muttermale wegschneiden, die mich gestört haben. Zwei Wochen nach dem kleinen Eingriff bat mich mein Arzt zu sich, um mir den Laborbefund des Gewebes mitzuteilen. Er sagte mir, dass eines der Muttermale ein Melanon im Anfangsstadium gewesen sei, sie jedoch alles entfernen konnten und die Gefahr somit gebannt wäre. "Gefahr ?" fragte ich Ihn. Er teilte mir dann mit, dass ohne die Operation meine Haut in 1 – 2 Jahren so verkrebst gewesen wäre, dass man mich nicht mehr hätte retten können. Ups, mir ging ein Schaudern über den Rücken und plötzlich wurde mir bewusst, was ich als Dreikäsehoch erlebt hatte, dazumal am Bielersee. Heute ist mir klar, dass ich mich zu jener Zeit selbst konditioniert habe. Diesen Eingriff machen lassen habe und somit die Zukunftsdeutung nicht der Wahrheit entsprochen hat.

Auch in letzter Zeit sendete meine Seele Signale an meinen Körper. Nachdem ich wochenlang nur noch gegeben hatte und für alle da war, machte Beratungen, Therapien, arbeitete für Andere und vernachlässigte mich selbst immer mehr. So geschah es, dass ich an mich selbst erinnert wurde. Ich war gerade auf dem Weg zu einer Therapie Richtung Westschweiz, fühlte mich ausgelaugt, schlaff und wusste nicht weshalb. Kurz vor Neuenburg sagte ich die Therapie dann ab, da es in meiner Verfassung nichts gebracht hätte. Stieg aus und fuhr dann über Delsberg nach Basel zu einer Bekannten, die mir durch eine Massage meinen Körper wieder einigermassen in Schwung bringen sollte. Das hat sie auch wunderbar nach 1 1/2 Stunden geschafft. Ich fühlte mich körperlich wieder fit und konnte am gleichen Abend die nächste Therapie geben. Super dachte ich mir, auch diesen Tag habe ich über die Runde gebracht, und ein gutes Stück nach Mitternacht kam ich dann endlich zu meinem Schlaf. Nach vier Stunden stand ich bereits wieder auf, um meiner Arbeit nach zu gehen. Eine Stunde im Wachzustand hielt ich noch aus, dann meldete sich meine Seele! Von einem Moment zum anderen hatte ich 40 Grad Fieber, eine Grippe, die sich gewaschen hat, die mich ins Bett warf. Meine Seele erreichte nun genau das, was ich wirklich brauchte und teilte mir über meinen Körper mit; "genug jetzt für alle Anderen, jetzt hast du genügend Zeit für dich selbst, wolltest ja alle anderen Zeichen nicht wahrnehmen."

Wenn wir nun das oder eines der verheerendsten **„geht uns alle an"** -Ereignis vom 11. September 2001 betrachten, erkennen wir schnell, welche Auswirkungen es auf die ganze Weltgemeinschaft hatte.

Wenn du nun Krankheiten, Symptome und Geschehnisse an dir selbst betrachtest oder die deiner Mitmenschen, werden diese Signale auch erklärbar, wenn man sich bewusst ist, dass wir alle in Verbindung stehen, kommunizieren und uns gegenseitig an unsere Aufgaben erinnern und uns leiten.

11 Energiefelder / Die unbewusste Kommunikation

10 % nutzbares Potential, im höchsten Fall, ist unser Bewusstsein. Von diesem ist in diesem Abschnitt nicht die Rede, sondern von unserem Unterbewusstsein, das um ein Neunfaches intensiver, stärker wahrnimmt und kommuniziert. Die Wenigsten erahnen, was ihr eigenes Unterbewusstsein tut.

Erleben können wir es zwar immer wieder, wie zum Beispiel;

Du willst gerade deinem Gegenüber etwas sagen, und er teilt dir in diesem Moment das Gleiche, mit den Worten, die du gerade sagen wolltest. Du bist an einer Party und denkst drüber nach, in einer Tanzpause, etwas für den Gastgeber zu tun. Du stehst auf, gehst zur Küche und ein anderer Gast geht mit dir, um das Gleiche zu tun wie du.

Du versuchst jemanden anzurufen, doch leider ist es besetzt. du versuchst es noch mal, doch immer noch besetzt, eine Viertelstunde später, das gleiche Tonsignal. Letztendlich erkennt man, dass auf der anderen Seite genau das Selbe geschah und es war auch immer besetzt, denn beide wollten sich im gleichen Moment anrufen.

Du schickst ein SMS an deinen Schatz und im gleichen Moment piepst es bei dir und siehe da, ein SMS von deinem Partner.

Dein Chef kommt, um dir einen Auftrag zu erteilen, mit einer riesen Freude sagst du ihm, dass schon alles fertig sei.

Du denkst über eine Lohnerhöhung nach, 2 Tage später bekommst du via Post die frohe Botschaft, dass deine Lohntüte dicker wird.

Du sitzt im Wohnzimmer und hast das Verlangen an die frische Luft zu gehen. Dein Hund kommt zu dir und stupst dich mit seiner Nase.

Du kommst an einen Ort, an dem du noch nie warst, und trotzdem ist dir alles sehr vertraut, du fühlst dich wohl, wie wenn du alles kennen würdest.

Dein Kopf fällt eine reale Entscheidung und führt dich an einen Ort, zu dem dein Gefühl eigentlich nein sagt. Dann geschieht etwas Verrücktes, Aussergewöhnliches oder etwas das gar nicht zu dir passt.

Findest du dich nicht auch in der einen oder anderen Situation? Alles sind kleine Momente im Leben, die real erst gar nicht wahrgenommen, doch können diese Momente uns unmittelbar in der Gegenwart bewusst werden. Für mich ein kleinster Teil und spürbar, dass es eine Kommunikationsebene gibt, die ausserhalb unserer Sinnesorganen ist. Es gibt eine Unzahl von verschiedenen Bereichen der unbewussten Kommunikation, wie auch Dynapsi, NLP, bewusste Gedankenübertragung auf andere Menschen (kann sehr gefährlich sein), oder wie wir uns durch unbeschwerte, zufriedene Art in eine verworrene und festgefahrene Situation ohne Worte einbringen können. Vieles ist Sache der mentalen Vorbereitung und Einstellung, die uns letztlich praktisch in allen Belangen zu Erfolg oder Misserfolg führen.

Die meisten Menschen kennen den Begriff Telepathie unter dem man fast oder gleiches versteht. Beten geht ebenso in das Kapitel, auch wenn es die Religionsgelehrten nicht wahrhaben wollen. Doch wenn jemand sich im Glauben und im Vertrauen zu sich selbst, etwas erbittet, oder die Gemeinschaft für etwas bittet, kann es durchaus sein, dass sich durch die Bündelung der Energie die Erfüllung verwirklicht. Schade ist nur, dass bei Glaubensgruppierungen die wirtschaftlichen Aspekte immer wieder im Vordergrund stehen. Beten und Bitten kannst du überall, auch in der Natur, dabei bist du dem Allmächtigen näher wie in jeder Kirche oder Moschee, nur in der Natur kannst du es ohne Opferstock tun, du gibst der Natur dich und deine Energie, sie gibt dir ein vielfaches zurück. Opferstock? Gar der Partyeffekt wird in der Kirche genutzt. Der Opferstock in Form eines Körbchens wird durch die Reihen geschickt. Frau Müller, Frau Meier und Huber werfen etwas rein und die Frau Gubler, die als Nächste dran ist, kann ja gar nicht anders wie die Vorigen, es könnte ja sein, dass sie dann nicht mehr zur Gemeinschaft gehören würde. Manch einer hat den Trick aber auch langsam draussen, wie man die Hand aufs Loch hält und so tut, als gehe etwas rein und so der Massenkonditionierung durch eigentliche Feigheit aus dem Wege geht. Ist ja auch eine Möglichkeit, doch ist es nötig? Weshalb steht man nicht einfach dazu, dass man nichts geben möchte? Die Kirchen erhalten ja schon einiges an Geld über die Steuern? Der Opferstock ist doch Trinkgeld und wird meist wieder unter dem Deckmantel einer wohltätigen Organisation genutzt, um selbst aufzeigen zu können, was man nicht alles Gutes für andere Menschen tut. Also auch hier wieder; sorge erst für die Gemeinschaft und dann erst für dich selbst. Für mich ist es Gedankenübertragung zu unseren Ungunsten, statt dass wir erst an uns selber denken, nur für unsere Bedürfnisse, so wie Ghandi gesagt hat;

Die Natur hat genug für jedermann Bedürfnisse, nicht aber für jedermanns Gier.

Ich meine nicht die Gier nach noch Mehr, sondern danach, was wir wirklich benötigen, das sollte an erster Stelle stehen. Würden alle nach ihren Grundbedürfnissen handeln, hätten wir alle mehr als genug. Armut entsteht durch Frust daran, dass man für seine ehrliche körperliche Arbeit nicht das bekommt, im Vergleich zu den Managern (Verwalter) und ähnlichen, die von Praxis meist keine Ahnung haben, aber durch stundenlange Meetings, Sitzungen und ähnlichem Geblubber ein Vielfaches mehr verdienen.

Werde dir bewusst, wie oft du selbst über viele unbewusste Kommunikationswege von deinem eigenen Lebensweg abgebracht wurdest, durch Verführungen irgendwelcher Art? Einem Moment, in dem wir geschwächt sind und es unserer Aufmerksamkeit entging, dass man uns unserer Energie beraubt. Dies muss nicht willentlich aus der Bewusstseinseben geschehen, doch dazu mehr im nächsten Abschnitt.

Ja, wir können unsere Mitmenschen beeinflussen durch unser Energiefeld, doch müssen wir uns auch bewusst sein, welche Konsequenzen es für andere haben kann und letztendlich auch wieder für uns.

Wenn wir unser Energiefeld missbrauchen, rein nur für unsere Bewusstseinsebene, wie unseren Körper, werden wir es auch körperlich wieder zu spüren bekommen.

Dein Energiefeld soll aus deinem Innersten herauskommen, ehrlich, offen und ohne böse Absicht, dann wird es dir Freude schenken, genau so wie du es aussendest.

Tue es in Liebe, damit du Liebe empfangen kannst, wenn es die reine Liebe ist, wird sie dir um ein vielfaches zurückgeschickt.

12 Wer nimmt mir meine Kraft / Projektionen

Grundsätzlich kann es uns überall geschehen, zu jeder Zeit und durch jeden Mitmenschen, auch unseren Nächsten. Durch die Nächsten sogar oft und meist auch sehr lange, bis wir realisieren, was eigentlich abläuft.

Nehmen wir mal die Summe aller Geschehnisse zusammen, die einem Familienvater zuteil werden als Muster für Energieraub bei ihm selbst und seinen Mitmenschen. Die Nächsten fragen sich dann meist, warum er und weshalb alles so gekommen ist, doch Grundlage dazu wäre, **alle Geschehnisse** des Vaters zu kennen. Die Abstammung und wie er aufgewachsen ist spielt hier eine sekundäre Rolle, sie wird ihn zwar für sein Tun in der Gegenwart immer wieder entschuldigen und begründen, weshalb er so ist. Es wird ihn aber nie entschuldigen, warum er seinen eigenen Lebensweg nicht wirklich auch gegangen ist. Nennen wir ihn nachfolgend der Einfachheit X.

Die Schule und Lehre als Handwerker hat X erfolgreich abgeschlossen, zieht aus seinem elterlichen Hause und ist voller Tatendrang, er hat gelernt für seine eigene Existenz zu sorgen. Viel Freude hat er an seiner eigenen Wohnung (Abfallgeschichte lass ich hier weg), die zwischendurch von einer guten Fee (Freundin oder Bekannten) wieder auf Vordermann gebracht wird. Zur Zeit geht es X wunderbar, lebt so wie er möchte, nimmt aktiv in zwei Vereinen teil und geniesst einmal im Jahr Ferien in einem fernen Lande. Seine Freunde (hier setze ich ein Fragezeichen), profitieren immer mehr davon, dass es X so gut geht, feiern Partys bei ihm zu Hause, setzen sich gerne in der Bar zu ihm, wenn er mal Einen ausgibt und nutzen jede Möglichkeit seines handwerklichen Geschickes aus. Seine Freundin oder die Bekannte, die zur Freundin wird, lässt sich gerne von X ausführen gar in die Ferien einladen, doch X erwartet natürlich auch eine Gegenleistung, ist doch klar, oder? Sie fühlt sich immer wohler bei ihm, und er ist letztendlich auch froh, dass jemand in der Wohnung ist und für die Wäsche schaut. So akzeptiert X auch immer mehr, dass sie bei ihm wohnt und von seinem zu Hause aus der Arbeit nachgeht. Doch bei der Arbeit von X stellen sich Veränderungen ein, sein Chef merkt irgendwie, dass es X in materieller Hinsicht zu gut geht und auch seine handwerklichen Geschicklichkeiten im privaten Bereich zunehmen. Aus unbewusstem Neid oder Eifersucht, der Angst einen guten Angestellten an eine neue, unternehmerische Existenz zu verlieren, wird X in Bezug seiner Arbeit immer häufiger kritisiert und oder durch Mehrarbeit von einem möglichen eigenständigen Vorhaben und der Privatarbeit abgelenkt. Somit hat er weniger Zeit für seine Partnerin, die ihm die knappe Zeit die er noch hat zum Vorwurf macht. Er kämpft um das Zusammensein mit seiner Partnerin und verliert mehr und mehr den Kontakt zu seinen Freunden, die sich zu allem hin dann auch noch abwenden von ihm. Es bleibt ja keine Zeit mehr übrig, um seine Geschicke in der Freizeit weiter zu geben. Im Ausgang ist X auch nicht mehr oft anzutreffen, Freunde provozieren ihn und belustigen sich an der Situation von X, bis er sich, zum Bierchen nach Feierabend überreden lässt. Da beginnt dann schon die nächste Entwicklungsstufe und Karriere von X. In den Vereinen macht sich auch Unmut breit, da X aus zeitlichen Gründen sich nicht mehr viel zeigt und in seinem Lieblingsverein, da er schon im Vorstand Einsitz hat, nicht korrekt seinen Aufgaben nachkommt, überlegt man bereits X zu ersetzen. Er wird vom Frust gepackt, da er merkt, dass er seinen eigenen Zielen und Pflichten, die er angenommen hat, nicht mehr nachkommen und gerecht werden kann. Diesen Frust lässt er als dann an seiner mittlerweilen auch noch schwangeren Partnerin in ungehaltener Art und Weise los, die X immer weniger versteht. Wie sollte sie auch? Sie hat sich mittlerweilen, bedingt durch die Hausarbeit und Schwangerschaft, auch von ihren Freunden zurückgezogen und erreicht so ihren Seelenfrieden, der zwischendurch von ihrem Ehemann gestört wird. Mindestens empfindet sie es so, kennt die Zusammenhänge ja auch nicht, denn einstweilen geht die Kommunikation innerhalb der Beziehung in Vergessenheit und immer mehr läuft der Fernseher. Sie beginnt zu kämpfen gegen die Tendenz, wie sich die Beziehung entwickelt, kritisiert sein Verhalten und bringt ihn damit in Rage. Sie lernt zu schweigen, dem Frieden und der werdenden Familie zu liebe. Somit wird sie immer mehr gelebt von X, der seinen eigenen Frust auf sie überträgt, um an neue Energien zu kommen, nun erwartet er auch von ihr, dass sie eine Heimarbeit annimmt. Sie spricht sich mittlerweilen bei Dritten (Eltern und Bekannten) über ihre Situation aus, die dann X nebenbei darauf ansprechen. Das trifft X mitten in seiner Ehre, er der doch alles im Griff hatte. Kaum zu Hause, fliegt auch schon mal ein Aschenbecher als Ausdruck des neusten Frustes zu versagen. Sie kuscht, jetzt nur nichts sagen, und die Angst vor Handgreiflichkeiten durch X wächst ständig. X spricht sich nun auch am Stammtisch aus, wie dreckig es ihm geht und wie böse seine Partnerin mittlerweilen geworden ist. Der Stammtisch hat viel (Fragezeichen) Verständnis für die Situation von X und begrüsst es natürlich dankend, dass man ihn wieder mehr und länger beim Bierchen sieht, Mit dem Frust kann man ja wesentlich besser im Restaurant umgehen, denkt X mindestens. Er distanziert sich von der Kommunikation mit der Partnerin und verliert immer mehr an Harmonie in seiner Partnerschaft. Des Öfteren kommt X spät nach Hause, sie ärgert sich masslos darüber und spricht ihn sehr direkt auf diese Situation an und erhält von X das erste mal für diese Ehrverletzung eine runterg....... . Die Spirale dreht sich nach oben, das Eine ergibt das Andere und der Energieraub und Vernichtungsapparat ist in vollem Gange. Zu erkennen wäre, wer hat was und aus welchem Grunde wann zugelassen. Für beide wird es nun Zeit einen Veränderungsprozess einzuleiten, in dem beide sich, und nicht nur innerhalb der Beziehung, mehr Freiheit, Unabhängigkeit, Freiräume eingestehen und anfangen von Zwängen los zu lassen. Dazu ist es notwendig als Basis, dass man Respekt und Anstand hat. Loslassen von Vergangenem, Nein sagen zu dürfen, konstruktives Reden und aufeinander zugehen können. Freiräume einander eingestehen und auch z-lassen, abgrenzen der Zuständigkeiten und alles nur mit den Betroffenen direkt angeht. Wenn dies gemeinsam nicht möglich ist, eine neutrale Person einbeziehen, die zuhören, sich auseinandersetzen kann und nützlich einbringt.

Wie oft wurde mir in jungen Jahren immer wieder gesagt, dass ich ein Vorhaben, das ich beabsichtige zu tun, sowieso oder gar nicht erreichen werde ?
Ich habe mich gefragt, weshalb nachstehende Menschen an mir zweifeln oder es mir nicht gönnen wollen, dass ich etwas erreiche ? Heute ist es mir klar warum. 1. war ich mir selber zuwenig sicher, meine Absicht hatte noch zuwenig Willen es zu tun. 2. erzählte ich von meiner Absicht, weil ich aus der Erfahrung anderer profitieren wollte um meinen Willen zu stärken. Doch

meistens wurde mir nur erzählt warum es scheitern wird. Sie wollten mir somit ihr Wissen nicht mitteilen, denn Wissen ist ja bekanntlich Macht, und weshalb sollte man mir auch Macht zuteil werden lassen, es könnte ja sein, dass ich dann aus der Summe meiner Erfahrungen mehr weiss wie mein lieber Nächster, und er dann so zu mir kommen müsste. Also eine Sache von Neid, Eifersucht und Angst. Zwei Möglichkeiten habe ich nun; ich erhöhe mein eigenes Vertrauen und den Willen es zu tun, oder ich lasse mein Vorhaben fallen, mangels Wissen und Selbstvertrauen. Eines ist mir heute jedoch klar geworden! Keine schlechte Eigenschaft darf in mir sein, die mein Vorhaben beeinträchtigen könnte, dann wird mich mein Wille und das Tun zum Erfolg führen.

Geschehnisse aus der Vergangenheit sind wichtig, wir benötigen sie für unser Leben in der Gegenwart. Es gilt jedoch über die Stufe des Geschehenen hinaus zu kommen, zur Erkenntnis und Erfahrung, letztendlich zur Weisheit. Solange es nur Geschehenes ist, werden wir nicht in der Lage sein es loszulassen und so lange wird es uns energetisch belasten. Die Zukunft darf uns in diesem Moment nicht berühren und auch nicht lenken, denn schnell ist es dann geschehen, dass wir die Gegenwart verlassen, uns leiten lassen von Weissagungen der Zukunft und dabei die Signale und Wegweiser der Gegenwart, die wichtig sind und richtig, nicht mehr erkennen können.

Ich denke alle Prophezeiungen die über die Gegenwart hinausgehen, bergen ein sehr grosses Potential an Gefahren in sich, es können durchaus einzelne Menschen und Gruppen zu Handlungen verführt werden, die sie vom eigenen Lebensweg abbringen.

Wir müssen uns immer bewusst sein, dass die Kommunikation im Unterbewusstsein immer aktiv ist und dass nicht alle Seelen die gleichen guten Absichten haben wie wir selbst oder umgekehrt. Ich weiss, dass ich mit dieser Aussage nicht manchem Propheten, Astrologen, Kartenleger, geistigen Schreiberling und Ähnlichen, eine Freude bereite, doch dieselben sind sich ihres Machtpotentials bewusst, haben es oder werden es noch lernen, damit massvoll und menschenfreundlicher umzugehen. Es gilt;

Du hast immer Deinen freien Willen, zu entscheiden ob das Vorausgesagte eintrifft oder nicht.

13 Freiheit, Unabhängigkeit, gesellschaftliche Zwänge

Jede Eigenschaft, die nicht der Liebe ähnlich ist oder ihr gleichkommt, macht uns unfrei, abhängig oder setzt uns unter Zwang. Je länger wir sie in uns tragen, desto mehr frisst sie uns auf, da wir uns selbst immer mehr in die Situation aus dem Geschehenen gar in unseren eigenen Gedanken verstricken lassen. Erinnern wir uns doch an die acht schlimmsten Eigenschaften aus Kapitel 8.

Erst noch eine Geschichte aus der Natur! Wären wir nur bereit mehr aus der Natur zu erkennen und lernen, sie würde uns unendlich viel schenken, Erkenntnisse und Weisheiten, doch in unserem unfreien und belastetem Dasein können wir manches um uns gar nicht mehr wahrnehmen, ausser wir sind wieder bereit, wirklich zu uns zurück zu gehen, uns selbst zu erkennen und auch kleinste Geschehnisse um uns zu fühlen.

Stell dir nun vor eine Herde Zebras beginnt los zu rennen, weil ein Rudel Löwinnen zur Jagd ansetzt, um deren Hunger zu stillen. Auch Tiere haben Gefühle und leben mit Zuständen gleich wie wir Menschen. Auch Tiere verschiedenster Arten kommunizieren untereinander über ihr Unterbewusstsein, auch mit uns Menschen.

Da rennen viele Zebras um ihr Leben, keines gleich wie das andere. Welches Zebra sucht sich das Löwenrudel wohl am ehesten aus? Normalerweise das Schwächste, aber schauen wir uns die Herde genauer an. Der Chef der Herde gibt die Fluchtrichtung an, er ist stark, klug und könnte sich sehr weit auch selbst wehren, er gibt seinen direkt Untergebenen die Sicherheit, geschützt und verteidigt zu werden. Die Jungtiere werden wiederum geschützt durch die Untergebenen und den Müttern, dann kommt der Rest der Herde, hier ist alles zu finden. Kennst du die Geschichte vom hässlichen kleinen Entlein? Armes, kleines, hässliches, mitleiderweckendes, ohne Vertrauen und Selbstwertgefühl, kleines Entlein. Die Löwinnen werden nur im Haufen nach dem Entlein suchen müssen, es wird ohne Schutz und Hilfe sein. Im Gerenne der Herde, unter eigenem Zwang, in sich selbst unfrei, da wird das Entlein die leichteste Beute sein für die Raubtiere und erst noch mit geringem Energieaufwand (Naturgesetz). Natürlich kann es auch mal vorkommen, dass ein sehr starkes Zebra aus der Herde erlegt wird, dies geschieht aber nur dann, wenn dasselbe einen Moment unachtsam war, nicht in erster Linie auf sich selbst konzentriert, oder nur einen Bruchteil am eigenen Vertrauen zweifelte. Die Löwinnen erkennen die differenten Energiefelder und entscheiden instinktiv, nach ihrem Gefühl.

Bei uns Menschen läuft es genau gleich ab, ausser der Akt des Tötens wurde gesetzlich geregelt. Das heisst allerdings nicht, dass wir dadurch etwa harmloser sind, nur geschieht es bei uns auf der psychischen Ebene. Im Grunde haben wir die Jagd ins Unterbewusstsein verlegt. Gedanken sind frei und für Gedankenmord gibt es ja bekanntlich keine Gesetze oder Strafen, doch die geistige Welt kennt die Sünden, nicht zu verwechseln mit den Religionssünden, diese werden durch den Glauben geahndet. Religionssünden sind meist körperliche Sünden und werden weltlich geahndet, dabei bleibt bei kritischer Betrachtungsweise offen, welche körperlichen Sünden wirklich auch Sünden sind. So oder so, wir waren in der Gegenwart beladen durch eine Eigenschaft wie Angst, Furcht, Unsicherheit aus der

Vergangenheit, waren unbedacht oder unachtsam, taten was wir nicht tun wollten, weil wir so unfrei waren. Eigentlich Energieverschwendung in Reinkultur und erst noch in die verkehrte Richtung.

Ich selbst war auch keine heilige Kuh in meiner Vergangenheit, habe dadurch aber auch viel erkannt und gelernt, bin übrigens immer noch daran. So geschah es auch, dass eine Partnerin mir immer wieder unterstellte, dass ich eine andere Frau habe, was allerdings nicht stimmte. In allen Variationen tat sie mir ihre Eifersucht kund, die nicht begründbar war. Doch es engte mich immer mehr ein, ich suchte Freiräume, in dem ich ihr diese auch mehr zugestand. 1984 verliess sie dann, ohne ersichtlichen Grund, unser gemeinsames Kind, mich und das Haus. Erst einen guten Monat später erfuhr ich dann, dass sie zu ihrem neuen Freund gezogen war. Ebenso erfuhr ich, dass sie schon lange vorher mit Bekannten und meinem (Fragezeichen) besten Freund einige Techtelmechtel hatte. So oder so, wir waren in der Gegenwart beladen mit etwelchen Eigenschaften aus der Vergangenheit, waren unbedacht, unachtsam, kommunizierten falsch und taten, was wir eigentlich nicht wollten, weil wir unfrei und in uns selber abhängig waren. Eigentlich Energieverschwendung in Reinkultur und erst noch in die verkehrte Richtung.

Viele Jahre arbeitete ich im Aussendienst, hatte einen lieben Arbeitskollegen, der einfach immer eine Spur besser war als ich. Immer mehr brachte mich das auf die Palme. Was dann aber wirklich die Spitze war, dass er mir Kunden vor der Nase wegschnappte, an einem Tag gar drei Stück. Er war einfach einen Tick schneller oder er kannte meine Absichten. Auf solche Arbeitstage konnte ich gut verzichten, die folgenden Abende taten mir dann auch nicht so gut, und ich überlegte mir schon, wie ich meinem lieben Kollegen in sein Handwerk pfuschen könnte. Aus lauter Planung vergass ich meinen Antrag zum Millionär, in Form eines Lottozettels, abzugeben. Am nächsten Abend, nach den Nachrichten, las der Sprecher irgendwelche Zahlen runter, klar doch ohne Gewähr, die mit meinem Zettel fünf Übereinstimmungen in einem Tipp ergeben hätten. Jetzt war mein Ärger natürlich komplett, und ein nächster Moment meines Lebens ging an meinem eigentlichen Leben vorbei. So oder so, ich war in der Gegenwart beladen durch Neid, Eifersucht, Wut, Hass, Zorn und Verlustangst aus der Vergangenheit, war unbedacht oder unachtsam und tat, was ich nicht tun wollte, weil ich unfrei, abhängig und in einem Leistungszwang war. Eigentlich Energieverschwendung in Reinkultur und erst noch in die verkehrte Richtung.

Ein mir bekanntes Ehepaar verlor vor einigen Jahren auf wirklich tragische Weise ihren einzigen Sohn, der gerade mal 18 Jahre alt war, durch einen Unfall. Auch für mich war es eine traurige Zeit, einen mir so nahstehenden Freund zu verlieren. Doch irgend wann nahm das Trauern ein Ende, es brachte uns den Hans nicht mehr zurück. Nur bei der Mutter von Hans dauerte die Trauer an. Zu Beginn hatten wir alle noch Verständnis, aber irgendwann wurde es uns allen zuviel und keiner verstand die gute Frau noch. Nach geraumer Zeit, als sich schon viele von ihr abgewannt hatten, liess sich zu allem noch ihr Mann von ihr scheiden. Keiner konnte ihr noch eine Freude machen, geschweige noch ein Lächeln in ihr Gesicht zaubern. So oder so, sie war in der Gegenwart beladen mit Trauer und Leid aus der Vergangenheit, war unbedacht und unachtsam und tat, was sie nicht tun wollte, weil sie in sich selbst gefangen und unter Zwang war. Eigentlich Energieverschwendung in Reinkultur und erst noch in die falsche Richtung.

Machen wir uns doch endlich frei von uns selbst, von selbst auferlegten Eigenschaften und Zwängen und beginnen einfach in Freiheit und Unabhängigkeit zu leben, so wie wir es eigentlich immer in unserem Innersten wollten. Allerdings möchte ich erwähnen, dass alle Geschehnisse in meinem Leben ein Teil des selben sind, ich über das Geschehene zur Erfahrung und Erkenntnis kam. Ich bin unendlich dankbar für das was gewesen ist, ansonsten ich es hier und jetzt nicht aufschreiben und weitergeben könnte. Dies kann ich aber nur, weil ich Vergangenes angenommen und akzeptiert habe, Erkenntnisse gewonnen und Geschehenes losgelassen habe. Erst nach diesem wichtigen Prozess verändert sich meine Lebensrichtung und so auch mein Weg.

14 Wie setze ich mein Ziel

Das fragte ich die 30 jährige Astrid in einer Therapiesitzung. Ihre Antwort war wunderbar; „ich möchte mit 65 Jahren mit meinem Partner Hand in Hand durch die Stadt gehen dürfen und die Beziehung geniessen!" Schön, oder? Ich fragte sie dann, ob sie wirklich 30 Jahre an ihrem eigenen Leben vorbeigehen möchte und was sie täte, wenn ihr Partner im Alter von 60 Jahren durch einen Herzschlag von uns gehen würde?

Der Bankdirektor sagte mir auf dieselbe Frage; „Morgen um 14:30 Uhr erfüllt sich mein Lebensziel!" Er habe nun 2 Jahre darauf hingearbeitet, dass morgen zwei grosse Konzerne einen Jointventurevertrag unterzeichnen und für ihn ein Honorar fällig werde, dass er sich für den Rest seines Lebens aus dem Geschäftsleben zurückziehen und privatisieren könne. Schön, oder, möchte doch jeder von uns, sich mit 45 Jahren bereits zur Ruhe setzen! Darauf zeichnete ich ihm ein mögliches Szenario auf. Wunderbar, dass er bis zum heutigen Tag gekommen ist und im Heute alles vorbereitet hat für diesen so wichtigen Termin von morgen. Heute werde er sicherlich noch zu Bette gehen und wohl eine unruhige Nacht erleben. Aus lauter Nervosität und Unachtsamkeit könnte es ja sein, dass die Hausschuhe einen anderen Nachtplatz bekommen wie normal und der Wecker eine Stunde früher gestellt wird, um allenfalls Vergessenes noch nachzuholen. Endlich, der Wecker tut seine Pflicht, sie stehen auf, stolpern versehentlich über die eigenen Pantoffeln und fallen mit der linken Seite des Brustkorbes auf den Bettpfosten, schlagen sich drei Rippen zusammen und holen sich beim weiteren Fall Richtung Boden eine riesen Schramme an der offenstehenden Schlafzimmertür. Im eigenen Blute bleiben sie bewusstlos liegen. Ihre noch im Halbschlaf befindliche Ehefrau schreckt hoch, realisiert Geschehenes und ruft umgehest den Notfallarzt. Die kommen postum, und sie werden notfallmässig ins Spital eingeliefert. Ich fragte dann nur noch, wie wichtig der Termin von Morgen jetzt noch sei.

Immer wieder ist mir der Vergleich der Zielsetzung einer Firma oder die eines Menschen gegenwärtig. Eine Firma plant und budgetiert für die Zukunft, und das ist auch gut so, denn jeder, der nicht seinen Teil für die Zielerreichung beiträgt, wird ersetzt, normale Abgänge ebenso. Tut dies eine Firma nicht, wird sie ihre Ziele auch nicht erreichen.

Bei einem Menschen ist die Zielsetzung anders. Alles was in der Zukunft liegt, können im Grunde erstrebenswerte Wünsche sein, denn keiner ist in sich selbst auf dem Weg zu einem gesetzten Ziel ersetzbar, egal was geschieht. Wir sollten lernen, unsere Ziele auf den Punkt der Gegenwart zu reduzieren und jede Entscheidung im Moment so zu fällen, dass sich unser Wunsch mit grösster Wahrscheinlichkeit erfüllen kann. Aus dieser Erkenntnis heraus habe ich mir selbst mein Lebensziel so gesetzt, dass ich in jedem Moment meines Lebens alle Entscheidungen immer so fälle, dass ich mich wohl fühlen kann, glücklich und zufrieden bin. Es genügt also nicht, sich einfach zu sagen, ich will am Ende meines Lebens glücklich und zufrieden sein, sondern ich reduziere meine Ziele wirklich auf die Gegenwart meines Lebens, dann werde ich auch am Ende auf ein erfülltes Leben zurückblicken können.

15 Ich gehe meinen Lebensweg.

Ein Wanderer überlegt sich sehr genau welche Dinge er auf seine Wanderung mitnehmen muss und welche er zusätzlich noch braucht, bevor er den Weg unter die Füsse nimmt. Hat er dann alles dabei was er haben muss, geht es ihm gut. Hat er auch dabei was er haben möchte, wird es ihm an nichts mangeln. Solange er den Weg nicht unter die Füsse nimmt, wird er jedoch keinen Schritt weiterkommen. Erst dadurch dass er es tut, wird er um Erfahrungen reicher.

Eigentlich könnten wir, dem Wanderer gleich, unseren Lebensweg gehen, denn im Grunde wissen wir, was wir selbst wollen und was wir dazu noch gerne hätten. Bleibt also nur, dass wir es tun.

Ja ja, ok ok, klar ist es einfacher gesagt als getan. Klar ist noch ein riesen Berg vor uns, den wir erst noch bezwingen sollten, doch auch hier, ich bleibe dabei, in dem ich anfange es zu tun.

Fassen wir zusammen:

- Du hast eine Seele und einen Körper - sag ja zu dir selbst !!

- sei dankbar, dass du so funktionierst wie du bist !!

- nimm deine Vergangenheit als Teil deines Lebens an !!

- nur in der Gegenwart kannst du leben und ebenso etwas tun für deine Veränderung !!
- nimm die Eigenschaft der Liebe zu dir selbst in deinem Leben auf !!

- hör auf dein Innerstes, deine Seele, da bist du !!

- sei frei und ohne Zwang !!

- entscheide dich immer so in der Gegenwart, dass du dich wohl fühlst, glücklich und zufrieden bist !!

16 Wo finde ich meine Kraft

Das grösste Kraftwerk für dich findest du in dir selbst, denn grundsätzlich ist alles in dir. Niemand ausser dir selbst, kennt dich so gut wie du selbst und wenn in Momenten alles schwarz ist um dich, so gibt es immer eine Ritze da Licht durchkommt oder ein Lichtlein, das in weiter Ferne dich zu einem neuen Türchen lenkt. Geh auf das Licht zu, denn es wird deinen Weg erhellen, Wärme, Liebe, Zuversicht schenken, dass du deine eigenen Werte wieder erkennst und das Vertrauen in dich selbst wieder wachsen kann.
Wenn es dich irgendwo hinzieht, gib nach, geh hin und verweile an der Stelle so lange du magst. Es sind unzählige Orte, genauso wie wir Menschen sind, die jedem, so individuell wir sind, eine andere Wahrnehmung vermitteln. Viele von uns Menschen umarmen Bäume, reden mit Steinen, Felsen, Teddybären, Pflanzen, Ikonen, Bildern, Verstorbenen usw. usf. Doch sei vorsichtig mit Dingen, die durch Menschenhand geschaffen wurden. Nicht dass sie dich gleich auffressen werden, doch wurden sie zu einer anderen Zeit geschaffen, mit einer anderen Wahrnehmung und möglicherweise der Absicht, um dich anzusprechen, zu begeistern, neue Gedanken auszulösen, zu überzeugen, vielleicht auch um dich für etwas zu gewinnen. Überprüfe dein Umfeld, denn nicht jeder Freund oder Feind ist so, wie du ihn siehst.

Da fällt mir gerade die Geschichte mit der Kuh und der Maus ein. Die zwei spielten miteinander im Stall und irgendwann erzählte die Maus der Kuh von ihrem Lebenswunsch, den sie erreichen wollte. Das Ziel der Berta auf den Rücken zu kommen, um das Gefühl der Grösse mal erleben zu dürfen. Fitzi versuchte es immer wieder, der Berta über die Beine hoch, auf den Rücken zu gelangen. Doch spätestens beim überhängenden Bauch scheiterte ihr Vorhaben, so dass sich Fitzi wieder im Stroh auf dem Boden fand. Doch wo ein Wille ist, ist auch ein Weg. Fitzi schlug Berta vor, sich unter das Stallfenster zu stellen. Berta folgte dem Wunsch von Fitzi und trottete zum Fenster. Fitzi erkannte die Chance, durch Bemühung und Organisation, bald am gewünschten und lohnenden Ziel zu sein und kletterte die rauhe Mauer hoch. Die Fensterbank als Zwischenetappe zum Ziel hatte Fitzi schnell erreicht. Gerade will Fitzi zum entscheidenden Sprung ansetzen und sah durch das Fenster, einen Fuchs der direkt auf den Stall zukam. Halb in Angst und Panik, teils rennend und stürzend, fand sich Fitzi wieder auf dem Stallboden, rannte zu Berta und flehte um Hilfe. Aus lauter Angst den eigen Körper zu verlieren. Berta forderte Fitzi auf, sich zwischen die hinteren Beine zu stellen und einfach geschehen lassen was geschehen soll. Berta zielt und trifft, Fitzi war auf jeden Fall zugedeckt. Der Fuchs, nach dem Eintreten in den Stall, ist erstaunt darüber, dass sein Essen vom Fenster nicht mehr zu sehen war und überlegte sich, der Katze es gleich zu tun und einfach zu warten was auch immer geschehen werde. Eine halbe Stunde später, nachdem es um Fitzi langsam kühl wurde, fühlte sich Mäuschen wieder in Sicherheit und streckte den Kopf aus dem Nest heraus und erblickte den Fuchs. Doch derselbe sah auch Fitzi, sprang, griff sich Fitzi und verschlangt sie in einem Stück. Die Moral von der Geschichte: Nicht jeder der dich mit Dreck beschmeisst ist unbedingt ein Feind und nicht jeder der dich aus dem Dreck holt ist unbedingt ein Freund, doch wenn du im Dreck drin steckst, halte deinen Kopf nicht zu früh raus, denn das kann verdammt gefährlich sein.

Sei vorsichtig in der Wahl deiner Mitmenschen und denen, die sich zu dir gesellen, es gibt welche die geben dir Kraft. Andere wiederum ziehen sie dir ab, denn nicht jeder ist ein Freund. Wenn du die Kraft deiner eigenen Liebe zu dir selbst fühlst, dann wirst du auch gerüstet sein, dich abgrenzen zu können und auch zu fühlen, was für oder wider dich ist. Denke aber daran, das;

jede Eigenschaft die Du in Dir trägst und somit aussendest, fühlen Deine Mitmenschen auch, sie werden Dir zurückgeben was Du von Dir gibst.

Du wirst die positiven Energien erkennen können, die für dich bestimmt sind, die du selbst zur Stärkung in dich aufnehmen darfst und kannst.

17 Ich bin ich, einfach Mensch – Wahrheitsfindung

Ich weiss nicht wie viele Elvis Presleys, Michael Jacksons, Marilyn Monroes, Barbies und andere Körper sich als Duplikate auf unserem Planeten bewegen. Eines ist mir allerdings klar geworden, sie tun es meist aus wirtschaftlichen Gründen, suchen Selbstbewusstsein und Bestätigung, haben meistens auch Identitätsprobleme, eifern etwas nach, was sie nie selbst sein können und verlieren zu guter Letzt ihre eigene Persönlichkeit. Zu was es gut ist? Im höchsten Falle zur Bewunderung und Belustigung der Zusehenden. Sicher sind die Wenigsten so wie ich eben beschrieben habe, doch auf der anderen Seite sind es auch noch nicht sehr viele, die ihr wahres, eigenes Leben wirklich leben. Dazwischen liegen die vielen Menschen, die zwischendurch mal glücklich und zufrieden sind, wenn sie sich mal was selber gönnen, und geniessen, das heisst selber fühlen können. Dann sind da noch die Lebenswegschnupperer, sie verändern ihr Äusseres durch Kleider, Masken, Schminke, Uniformen usw., um in eine Art Anonymität zu entfliehen, gleich wie im Internet-Chat, so dass eine Identifikation schwierig wird. Sie möchten ihre Illusion ausleben können um etwas zu sein, was sie selbst nie sein werden. Es ist ein Auf und Ab, ein Kommen und Gehen, mal links mal rechts, Drunter und Drüber, was viele an ihrem Lebensweg betreiben. Ziel sollte jedoch sein, dass wir uns selbst immer näher kommen und kennen lernen, uns mehr und mehr fühlen, letztlich unser Tun in der Gegenwart immer mehr in unsere Richtung lenken, so dass die Unterschiede und Distanzen zu unserem eigenen Lebensweg immer geringer werden. Ich denke, wir

kommen unserer eigenen Wahrheit so immer näher. Eigene Wahrheit?? Ja, ich habe für mich selbst erkannt, dass Wahrheit und Ehrlichkeit genau so individuell und einzigartig sind wie jeder von uns allen.
Wahrheit und Ehrlichkeit ist Sache des Gesichtwinkels und der Ansicht. Kürzlich fragte mich ein Freund was Wahrheit ist, worauf ich ihn bat mir einen VW-Bus zu beschreiben. Alles bis ins kleinste Detail hat er mir erklärt, wie ein VW-Bus von vorne aussieht. Von seinen Ausführungen hätte ich mir gut eine Zeichnung anfertigen können, so genau war die Beschreibung. Ich erklärte ihm dann wie der Bus von hinten ausschaut, also eine andere Wahrheit vom gleichen Objekt. Wir erkannten dadurch, dass beides wahr ist, was wir beschrieben haben, doch nur Teile eines Ganzen sind. Die Erkenntnis daraus für mich war; Nur die Summe aller, zum ganzen gehörenden Tatsachen, ergeben die Realität, die wirkliche Wahrheit. Beim Bus würde dies bedeuten, jedes einzelne Teilchen, wie es zusammen-gebaut ist, jede Ansicht und Funktionsweise usw. usf.! Also genau gleich wie bei dir selbst. Doch bei dir verhält es sich anders wie beim Bus, der keine Sinnesorgane hat um sich selbst wahrzunehmen und ebenso wenig sich kommunikativ mitteilen kann. Du kannst es, und nur du kannst dich wirklich und wahrhaftig kennen, in dem du dich selber fühlst, spürst, siehst, riechst und dich somit erlebst. Entdecke dich, und nur du kannst es aus jedem Blickwinkel erkennen. Du wirst deiner eigenen realen und wirklichen Wahrheit und vor allem deinem Leben immer näher kommen können. Nur so wirst du die Grundlage dazu erhalten, zunehmend ein erfülltes, glückliches und zufriedenes Leben haben zu können.

18 Meine eigene Hilfe und mein 1. Hilfeposten

Hilf dir selbst, denn wirklich helfen kann dir sonst keiner! Niemand, aber auch wirklich keiner kann nur einen Hauch deines Lebensweges gehen. Du bist du, und nur du bist verantwortlich für alles was du tust und wie du gehst. Sei selbstständig und übernimm die ganze Verantwortung für dich selbst. Und wenn du in die Tiefe sinkst und nicht mehr weiter weißt, ziehe dich erst einmal zurück zu deinem 1. Hilfeposten, dem Ort, wo du für dich selbst Zeit hast, dich fühlen kannst, dich erleben darfst, um erst einmal zu erkennen, für was du wirklich verantwortlich bist. Befreie dich, in dem du loslässt von Dingen, die dich in die Irritation führten, die nicht zu dir gehören, doch lass erst los davon, wenn du aus jedem Blickwinkel erkannt hast, dass es sich nicht um eine Tür oder einen Wegweiser für deinen Lebensweg handelt. Ja, geh dann zu Menschen die dir über deine Wahrnehmungsebene Lösungen schenken und nicht zu denen, die Mitleid haben mit dir oder deine momentane Schwäche zu ihren Gunsten nutzen wollen. Solche Menschen werden dich in eine noch tiefere Irritation führen und meist ist man ihnen dann schamlos ausgeliefert. Die Bemitleider sind meist nicht sehr ehrlich und heimlich die Schlimmsten. Wie können sie auch? Sie kennen nicht den ganzen Weg, der zu deinem Leid führte, und schon gar nicht jeden Blickwinkel der zur Realität gehört. Sie begeben sich nur äusserlich auf die gleiche energetische Ebene mit dir, um an diene Energie zu kommen, die sie dir dann auch abnehmen, in dem du fühlst, dass geteiltes Leid, halbes Leid ist. Du selbst aber wirst um keine Erkenntnis oder Weisheit in deinem Leben weiterkommen.

Also hilf dir selbst, denn keiner kann es so gut wie du !!

19 Zusammengefasst der Weg zum Ich !!

Wenn du erst mal entdeckt hast, wer du wirklich selbst bist, als Ganzes, wie du funktionierst, kannst du daran gehen, dein wahres Ich, deine Seele kennen lernen. Erst erwarte nichts von deiner Seele, denn sie wird sich dir erst dann ganz öffnen, wenn du aufhörst dich aus der realen Welt beeinflussen zu lassen und in irgend eine Richtung etwas zu erwarten, dass deine Seele gar nicht hat oder will.

Die Seele kann sein ohne deinen Körper, dein Körper aber nicht ohne deine Seele.

Wenn du die Ruhe in dir gefunden hast wird sich deine Seele offenbaren und dir zu erkennen geben, was dein wahres Ich wirklich will. Achte auf die kleinsten Zeichen in, an und um deinen Körper, denn alles was geschieht und dir widerfährt ist ein Teil deines Seins und realen Lebens. Alles was dir geschieht, du erlebst, dir weh tut, dir wohl tut, du wahrnehmen kannst mit deinen Sinnesorganen ist nicht Zufall und auch kein Schicksal. Wenn du bereit bist, ohne dich selbst in eine real willentliche Richtung zu lenken, wird dir dein eigenes Ich, deine Seele aufzeigen weshalb und warum etwas ist und auch gewesen war. Ebenso wird dir ein sechster Sinn geschenkt, den du eigentlich immer in dir hattest, doch er wird geweckt, somit geschenkt, in dem du es zulässt. Wenn du dich also kennen lernen willst, so lass deine Seele zu deinem realen Dasein, deinem Körper kommen, du wirst dafür reichlich beschenkt werden. Sag ja zu deinem Körper, akzeptiere ihn mit allen Hässlichkeiten und Schönheiten, liebe einfach dich selbst so wie du bist, denn alles an dir macht dich erst zu dem was du wirklich bist. Ein einzigartiger und wunderbarer Mensch. Sei einfach du.

20 Wie geht es weiter

He, du hast ein wunderschönes und erfülltes Leben vor dir, für das es sich immer lohnt auf dem eigenen Weg zu gehen. Sei dir bewusst, dass die ganze Zukunft in deine Gegenwart kommen wird. Lass dir Zeit und sei geduldig mit dir selbst auf dem Weg der Erkenntnis, der dich immer näher an dein eigenes Ich bringen kann. Fühle in dir, was dein wahres inneres Ich verlangt und nimm dich selbst, in jedem Punkt, jeder Sekunde der Gegenwart wahr. Wenn du bereit bist, dich zu deinem Ich zu verändern, wirst du auch Neues bekommen. Denke daran:

Gehst Du, wie Du es gewohnt bist, wird kaum Neues in dein Leben kommen können. Erkennst Du Dich selbst und gehst auf deinem Lebensweg, wird vieles anfangen sich zu ändern.

Du hast immer „zwei sorgenfreie Tage" in deinem Leben, das Gestern und das Morgen !

Sei Dir auch bewusst, dass das Heute der erste Tag ist, vom Rest deines Lebens. Warte nicht länger, packe die Chance des heutigen Tages an.

Wenn du dich riechst, dann folge deinem Geruch, dann bist du mit Sicherheit auf deinem eigenen Lebensweg !

Alles was ist, kann nur im Jetzt sein, deshalb schenke dir im Heute einen Tag, dass du es tun kannst und es Ist wird !

Jetzt lebst du !!

Schlusswort und Beginn

Dankbarkeit, unendliche Dankbarkeit allen Energiefeldern, die mich in meinem Leben bisher, der Gegenwart und in meiner Zukunft begleitet haben und noch werden. Dankbarkeit vor allem gegenüber der Natur, dem Ort, wo ich den grössten Teil dieses Buches schreiben durfte. Auch Dankbarkeit all den Menschen, die ich treffen durfte, die mir durch fruchtbare Kommunikation immer wieder zu neuen Erkenntnissen verholfen haben. Danke, dass ich so sein darf wie ich bin. Dank auch für das was ist und noch kommen wird !!

Mein Leben lebt, ich lebe, DANKE !!

PS: **Die Sache mit dem Glauben !!**

Ich selbst bin im christlichen Glauben erzogen worden und argumentiere aus dieser Sicht. Doch habe ich für mich erkannt, dass sich diese Sicht in jede Glaubensrichtungen adaptieren lässt, wo Verherrlichung praktiziert wird.

Ich habe mich lange mit der Bibel auseinandergesetzt und einiges ist mir dabei aufgefallen.

Weshalb hat Jesus sein eigenes Ich nie zu Papier gegeben? Seine Erlebnisse, die Erkenntnisse und Weisheiten daraus ??

Alles was er sagte, tat und erwirkte, wurde durch die Wahrnehmung anderer niedergeschrieben oder erzählt und dann geschrieben. Also jeder schrieb seine eigene Wahrnehmung und Interpretation mit seinem eigenen Wissen aus der damaligen Zeit auf.

Ich anerkenne, dass Geschriebenes aus dem Wirken Jesus stammt, aber nicht entsprechend mit seinem Wissen geschrieben wurde. Alle Religionen entstanden durch differente Wahrnehmungen in verschiedenen Zeiten und Orten. Doch macht es Sinn, dass sich diese bekriegen, nur weil sie differente Ansichten haben ?

Wunderbare Menschen hat es schon immer gegeben und wird es auch immer wieder geben, ganz individuell an verschiedenen Orten und Zeiten.

Machen wir uns endlich frei von Glauben, lassen das Grossartige in uns wirken und beginnen in Freiheit und Frieden einfach zu leben.